1 MONTH OF
FREE
READING

at

www.ForgottenBooks.com

By purchasing this book you are eligible for one month membership to ForgottenBooks.com, giving you unlimited access to our entire collection of over 1,000,000 titles via our web site and mobile apps.

To claim your free month visit:

www.forgottenbooks.com/free682460

ISBN 978-0-332-56937-6
PIBN 10682460

DES PUBLICAINS

ET DES

SOCIÉTÉS VECTIGALIUM

Coulommiers. — Typ. ALBERT PONSOT et P. BRODARD.

DES PUBLICAINS

ET DES

SOCIÉTÉS VECTIGALIUM

PAR

ALPHONSE LEDRU

AVOCAT A LA COUR D'APPEL DE PARIS
DOCTEUR EN DROIT

PARIS

LIBRAIRIE GERMER BAILLIÈRE ET Cⁱᶜ

8, PLACE DE L'ODÉON, 8

La librairie sera transférée *108, boulevard St-Germain*, le 1ᵉʳ octobre 1877.

—

1876

DES PUBLICAINS

ET

DES SOCIÉTÉS VECTIGALIUM

INTRODUCTION

Jamais peut-être le principe de l'association n'a été plus en honneur que de nos jours; jamais son application n'a été plus générale, plus féconde, plus nécessaire. Mais il n'est pas né d'hier. Les Romains en ont parlé avec enthousiasme; ils l'ont pratiqué avec grandeur. Ce peuple de guerriers, de politiques, d'agriculteurs, n'était pas resté étranger aux entreprises commerciales, aux vastes spéculations qui, exigeant la concentration de nombreux capitaux, offraient à l'esprit d'association un aliment journalier. On formait des sociétés pour le commerce de terre et de mer, pour le commerce des esclaves, pour les entreprises de constructions, pour les transports maritimes. Il y avait des sociétés de banquiers (*argentarii socii, argentariæ societates*), des sociétés pour les fournitures des armées.

Mais quelque puissantes que fussent ces associations, il faut placer au-dessus d'elles, pour l'importance et la considération, les sociétés de publicains (*societates vectigalium*), organisées pour la ferme des impôts. Dès les premiers temps de la République, l'état abandonna ses recettes indirectes, toutes ses dépenses, toutes ses opérations plus compliquées à des intermédiaires qui, pour une somme nette et moindre, administraient pour leur propre compte. La grandeur des intérêts ainsi abandonnés, les sûretés que le gouvernement était en droit de réclamer, conduisirent naturellement à exiger que les fermes fussent soumissionnées par des sociétés et non par des capitalistes isolés. Ces compagnies de publicains furent les types de toutes les grandes sociétés de commerce qui s'organisèrent dans la suite; elles constituèrent aux mains des chevaliers qui s'en emparèrent toute une classe de financiers, qui croissait chaque jour en nombre et en fabuleuse opulence, qui retenait dans son sein jaloux le maniement de l'impôt, qui était dépositaire exclusive du crédit de l'état, et servait de canal au principal élément de la richesse publique.

Il est donc particulièrement intéressant d'étudier ces sociétés *vectigalium;* elles présentent mieux qu'aucune autre l'esprit d'association tel que l'a connu et pratiqué l'antiquité, dans toute sa vitalité, et ses plus larges proportions.

Nous examinerons successivement :

1° Les *vectigalia,* objet des opérations des publicains;

2° Les formes et les conditions de la ferme des impôts concédée aux publicains;

3° L'organisation des sociétés de publicains, et leur nature juridique;

4° La puissance de ces sociétés, leurs excès et les mesures légales ayant pour objet de réprimer les abus et les exactions des publicains.

CHAPITRE PREMIER

.

OPÉRATIONS DES PUBLICAINS

On appelait *publicains* d'une manière générale tous ceux qui avaient affermé les revenus publics. *Publicani autem sunt qui publico fruuntur*, dit Ulpien, l. I, § 1 D. *De publicanis et vectigal.*

Le mot *publicum*, chez les auteurs de la bonne latinité, signifie tout ce dont la République tire du profit ou du revenu. Le mot *publicum* est employé fréquemment pour *vectigal* [1] ; l'expression *publicum vectigal* se trouve dans Cicéron (*in Verrem*, 46. III, n° 38); dans la L. I, D. *quod conjuscumque universitatis nomine;* la L. 3. § 6. D. *De jure fisci,* L. 2 § 16. D. *De hæreditate vendita.* Il est donc probable que, lorsqu'on se servait du mot *publicum*, on sous-entendait *vectigal* : ce qui explique comment on a pris l'habitude d'employer l'un pour l'autre.

Le mot *vectigal* ne comprend pas cependant toutes les sources de revenus qui formaient à Rome la fortune publique. On distinguait l'impôt direct, *tributum*, et le *vectigal*, comprenant tous les autres revenus de la République ou du Prince : loyer des domaines affermés,

---

1. Cicéron, *ad Quint. fratr.* ep. 1. — Suétone, in *Caligula*, c. 40, — Tacite, *Annal.* l. XIII, 51 — Seneci *Epist.* 102 et 120, — Quintil. *Déclam.* 340 et 341.

Suétone (*In Vespas.* cap. 1) se sert de l'expression *publicum quadragesimæ* pour *vectigal quadragesimæ* (impôt du quarantième).

Valère Maxime (lib. VI. c. q. n° 7), disant que Iit. Ausidius avait un intérêt modique dans les impôts de la province d'Asie, s'exprime ainsi : *asiatici publici modicam particulam habuit.*

dîmes des biens-fonds laissés aux nations vaincues, impôts indirects au sens actuel du mot et recettes provenant de certains services rendus par l'état aux particuliers, en amenant, par exemple, l'eau à la ville dans des aqueducs [1].

Cette distinction se trouve sous la plume d'Ulpien, qui continue ainsi : « *Nam inde nomen habent, sive fisco vectigal pendant, vel tribu-* « *tum consequantur ; et omnes qui quid a fisco conducant, rectè appel-* « *lantur publicani.* »

Voilà opposés l'un à l'autre le *vectigal* et le *tributum*.

Voyons ce que comprend exactement chacune de ces expressions.

§ I. — *Des impôts directs.*

Les contributions directes sont celles que le législateur demande nominativement à tels et tels contribuables, celles qui sont perçues d'après un rôle et qui sont réclamées directement à la personne du débiteur que l'État s'est donné.

La base de l'impôt direct était à Rome le cens, fait à chaque lustre par le censeur. Chacun devait déclarer au magistrat la valeur de ses propriétés. : la taxe variait suivant les besoins de l'État. Cet impôt fourni était appelé *tributum*.

Après la conquête de la Macédoine, Rome reversa le fardeau de l'impôt direct sur ses sujets, et ses citoyens en furent affranchis (An. 586) [2]. Cette exemption d'impôts directs faisait partie de l'ensemble des droits que l'on désignait sous le nom de *jus italium*.

Quant aux provinces, elles étaient considérées comme les fermes du peuple romain, *quasi prædia populi romani ;* les provinciaux comme des colons [3].

Au moment de la conquête, les Romains avaient pris pour eux

---

1. *Les impôts indirects chez les Romains,* par M. Henri Naquet. Ernest Thorin, édit. 1876, p. 4.
2. Plutarch. *Paul-Emile,* 35. — Cicer. *De offic.* II, 22. — Pline, *Hist. nat.* XXXII, 17.
3. Cicéron, II, *in Verr.* III, 18, et *De Offic.* III, 24. Il dit des provinciaux : *Cum illis sic agere, ut cum colonis nostris solemus.*

toutes les terres royales et quelquefois les biens communaux, ou même la totalité des terres de certaines villes qui, par leur courage et leur patriotisme, avaient mérité de la part du vainqueur un traitement plus sévère. Ces terres avaient été réunies au domaine du peuple romain, et en subissaient toutes les conditions. Quant aux terres laissées aux indigènes, leur caractère était changé. Par le fait de la guerre, les habitants des provinces, au lieu de la propriété, n'avaient plus que la possession du sol provincial [1]; ils étaient des fermiers perpétuels, et le signe de cette diminution de droits était le tribut que les détenteurs devaient payer au propriétaire véritable, au peuple romain.

Le mode de prestation n'était pas le même pour toutes les provinces. Là, comme à tous les autres points de vue, la politique romaine était de mettre des degrés dans la servitude, pour que le joug pesant d'une manière inégale, les peuples ne se trouvassent point rapprochés par une commune oppression contre la domination étrangère [2].

Certaines provinces étaient assujetties à une contribution fixe en argent, appelée *stipendium*, et étaient désignées sous le nom de *stipendiariæ*. D'autres étaient soumises à un cens annuel, *tributum*, redevance variable considérée comme une espèce de fermage de la jouissance que le peuple romain, réputé propriétaire de leur territoire par la conquête, leur laissait de leurs biens-fonds : on les appelait *tributoriæ*. D'autres enfin payaient une quote des fruits, telle que le dixième, *vectigal*, et leurs fonds étaient dits *vectigales* [3].

Les sommes variaient avec les provinces.

Les unes payaient la dîme en argent; d'autres la fournissaient en nature.

---

1. V. Duruy. *État du monde romain vers le temps de la fondation de l'Empire*, p. 187.

2. Ῥωμαίων... οὐ τὸν αὐτόν τρόπον ἕκαστοι χρωμένων, ἀλλὰ τοὺς μὲν συνέχειν, τοὺς δὲ καταλύειν βουλομένων. Strab. VIII, p. 385.

3. Serrigny. *Droit administratif romain*, p. 72.

Il y avait autant de diversité dans la manière de percevoir l'impôt. Certains peuples conquis, les *immunes,* levaient eux-mêmes les sommes auxquelles ils étaient taxés. Le sénat autorisa les Espagnols, César les Asiatiques, Paul-Emile les Macédoniens, à lever eux-mêmes leurs contributions [1]. En Grèce, en Asie avant César, en Sicile les percepteurs étaient les publicains [2].

L'empire voulut substituer l'uniformité à cette diversité. Un recensement général des contribuables fut fait au temps d'Auguste ; en même temps on procéda sur toute l'étendue de l'empire à l'établissement d'un cadastre, qui servit de base à l'établissement de l'impôt foncier [3]. Toutefois on jugea qu'il ne convenait pas que ceux qui ne possédaient point de fortune immobilière, échappassent à l'impôt ; on établit un impôt personnel atteignant ceux qui ne possédaient aucune fortune foncière.

De là, la *capitatio terrena* pour les *possessores* ; la *capitatio humana* pour la *plebs* [4].

Au temps d'Alexandre Sévère fut établi un autre impôt direct, correspondant à notre impôt des patentes : la *collatio lustralis* [5].

Nous n'avons point à nous appesantir sur ces impôts directs de l'époque impériale. Ils échappèrent à la mise en ferme, et aux publicains. Chaque curie fut chargée de les percevoir, sous sa responsabilité, sur le territoire de la *civitas.*

§ II. — *Impôts indirects.*

Les *vectigalia* comprennent à la fois les impôts indirects, et les produits du domaine ou de certaines entreprises d'utilité publique. On appelle contributions indirectes celles qui ne sont pas deman-

---

1. T. Liv. XLIII. 2; App. B. Civ. V, 4. — Plutarch. Paul-Emile, 28.
2. Cic. *in Verr.* III. 6,7 ; *ad Quintum,* I, 10; *ad Attic.,* I, 17·
3. Dureau de la Malle. *Economie politique des Romains,* liv. I, ch. 19·
4. Voyez sur l'assiette de ces deux impôts, M. Serrigny, *Droit administratif romain,* p. 75 et 99.
5. *Ib.,* p. 130.

dées directement à la personne, mais à la chose et perçues à l'occasion d'un fait. Un individu se présente à la frontière, porteur d'objets soumis au droit de douane : on ne s'inquiète pas de savoir quel est le propriétaire ou le destinataire de ces objets. C'est à l'occasion de ce fait : le passage à la frontière d'un objet déterminé, qu'il faut payer le droit d'entrée. C'est donc à la chose qu'on demande l'impôt. Une transmission de propriété s'opère par vente, succession ou donation : l'état prélève un droit proportionnel à la valeur de la chose transmise.

L'avantage de l'impôt indirect est manifeste pour celui qui l'exige. Il évite de demander directement à chaque membre de la communauté une somme trop forte, qu'on paierait difficilement et à regret ; il fait assez d'illusions au contribuable sur l'étendue des sommes qui lui sont demandées au fur et à mesure soit de ses achats, soit de tout autre fait donnant lieu à la perception d'un droit, pour que le gouvernement puisse pousser ses exigences jusqu'à la dernière limite. — Aussi est-il seul en mesure d'alimenter les gros budgets.

Les principaux impôts indirects étaient :

1° L'impôt sur l'importation et l'exportation des marchandises (*portorium*) ;

2° L'impôt sur les successions (*vicesima hereditatum*) ;

3° Le droit proportionnel sur certaines ventes (*venalitium*) ;

4° L'impôt sur les affranchissements (*vicesima manumissionum*).

5° L'impôt sur les procès (*quadragesima litium*) ;

6° L'impôt sur les mines et les carrières et sur le sel.

I. — « Là où il y a du commerce il y a des douanes, » a dit Montesquieu [1]. Les douanes furent, dès les premiers temps de la République et jusqu'à la fin de l'Empire romain, sauf à de rares intervalles [2], une source de revenus fort importante.

---

1. *Esprit des lois*, livre XX, chap. 13.

2. Ces vicissitudes sont rapportées en grand détail dans l'ouvrage précité de M. H. Naquet, p. 10 et suiv.

Le nom de cet impôt, *portorium*, indique qu'il fut perçu originairement à l'entrée des marchandises dans les villes maritimes. Le même nom lui resta quand il fut prélevé également sur les marchandises à leur entrée et à leur sortie par les limites terrestres : *portoria terrestria et maritima.*

Le mot *portus* fut même employé pour désigner, sur terre comme sur les rivages de la mer, l'entrepôt des marchandises : « *Portus « appellatur conclusus locus, quo importantur merces, et inde exportantur : eaque nihilominus statio est conclusa atque munita : inde « angiportum dictum est.* » (Ulp. l. 59. D. *De verborum significatione.*) C'était là sans doute que se payaient les droits, et que les publicains pouvaient estimer la valeur des objets importés ou exportés et discuter les cas d'exemption qu'on leur opposait.

Il n'y avait pas seulement des douanes dans les ports, ou sur les frontières extérieures de l'empire. Les Romains maintenaient et percevaient à leur profit tous les impôts existant dans les provinces conquises par eux : chaque province conserva ainsi sa ceinture de douanes.

Le *portorium* comprend aussi les octrois des villes, et les droits de péage établis sur le passage de ponts[1] ou de chemins[2].

Quelles étaient les choses soumises au droit de douane? Toutes les marchandises qui étaient importées ou transportées dans un but commercial : « *ea quæ negotiationis gratia portantur solitæ præsta- « tioni vel pensitationi subjugamus,* » dit la l. 5. C. *De vectigalibus et commissis.*

Par une conséquence de ce principe étaient exemptes :

1° Les choses servant à l'usage de la personne, *instrumenta itineris*[3]. On comprenait parmi ces choses à usage les esclaves attachés à la personne des voyageurs[4].

---

1. ... *Id cum pontem transiret, redemptor ejus pontis portorium ab eo exigebat.* l. 60 § 8. D. *Locati. — Cogitans et in pontibus quibusdam vectigal pro transitu dari.* Senec. *De Constant. Sapient.,* c. 14.

2. *Si quis pro uxore sua vectigal, quod in itinere prestari solet, solvisset.* l. 21. D, *De Donat. inter vir.*

3. Quintil. *Déclam.* 359.

4. Cette règle est rapportée, avec les décisions relatives aux difficultés que peut faire

2º Celles destinées au fisc : « *Fiscus ab omnium vectigalium præs-* « *tationibus immunis est.* » L. 9 § 8. D. *De Publicanis et vectigal.*

3º Ou employées à la culture des fonds : « *exercendi ruris gratia revectæ res.* » l. 5. C. *de vectig. et commiss.*

4º Ou à l'approvisionnement des armées : « *res exercitui paratas* « *præstationi vectigalium subjici non placuit.* » L. 9. § 7. D. *De Publican.*

5º Les animaux destinés aux combats de l'amphithéâtre [1].

En dehors de ces exceptions, toutes les marchandises exportées ou importées étaient frappées des droits. Il n'y a point de trace d'un tarif général, prévoyant et soumettant à la taxe chacun des objets susceptibles d'importation ou d'exportation. Il existe toutefois au Digeste une loi intéressante (L. 16. § 7. D. *de Publicanis*), c'est un fragment du jurisconsulte Marcien, contenant une liste étendue, mais imparfaite, des marchandises de l'Orient sujettes aux droits sous Alexandre Sévère [2]. Elles consistaient en cannelle, myrrhe, poivre et gingembre, en aromates de toute espèce, et dans une grande variété de pierres précieuses, parmi lesquelles le diamant tenait le premier rang pour le prix, et l'émeraude pour la beauté. On y voyait figurer aussi les peaux de Perse et de Babylone, des soies écrues et apprêtées, de l'ivoire, de l'ébène et des eunuques.

L'assiette de l'impôt était la valeur de la marchandise ; la taxe était, dans les premiers siècles de l'empire, du 40e ou 2 et 1/2 pour 100. Elle fut portée, à une époque qu'on ne peut préciser [3], au huitième, soit 12 1/3 pour 100 [4].

naître son application, dans un passage d'Alferius Varus, l. 203. D. *De Verborum signi- ficatione.*

1. Symmach. lib. V. *Epistol.* 60 et 63.

2. Cette énumération, dont bien des termes sont presque inexplicables, a excité la pa- tience et la prolixité des commentateurs. V. Pothier (Pandect Justin. liv. XXXIX, tit. 4) ; Bouchaud (De l'impôt chez les Romains), Dirksen (mémoire inséré dans le recueil de l'Académie de Berlin. 1843).

3. La difficulté vient de la contradiction existant entre les auteurs parlant du 40e, lors- que les constitutions des empereurs dont ils sont contemporains parlent du 5e. Peut-être ces constitutions de Sévère et de Théodose ont-elles été modifiées par les rédacteurs du code de Justinien, afin de les mettre d'accord avec les lois en vigueur. — D'après M. Dureau de la Malle, le changement daterait de la fin du ive siècle, *Economie poli- tique des Romains*, t. II, p. 459.

4. V. Burmann. *De Vectig.* P. R, Cap. 5, p. 67. — Dureau de la Malle, *Econ.*

Le droit de douane est un droit réel, en ce sens qu'il frappe la marchandise et non la personne. La logique veut donc que personne n'en soit exempt. On avait établi cependant certaines exceptions en faveur :

1º Des militaires et employés du palais. Toutefois· cette immunité, créée par Valentinien [1], fut abolie par Gratien [2] et Justinien [3].

2º Les *navicularii*, mariniers chargés de l'approvisionnement de Rome, *quum sibi gerere rem probabuntur* (l. 6. C. de Vectig.); c'est-à-dire quand ils se renferment dans leur service, et ne servent pas de commissionnaires ou de prête-noms à des négociants.

3º Les ambassadeurs des nations amies, mais pour l'exportation seulement ; il est conforme, en effet, à l'intérêt de chàque nation de favoriser l'exportation de ses produits. Toutefois les constitutions prennent le soin d'ajouter cette concession : *quæ sunt tamen lege concessæ*. En effet l'exportation de certains produits était défendue.

Ces prohibitions sont énoncées au titre du code de Justinien : *Quæ res exportari non debeant*. Le motif en est donné par Montesquieu [4] : « La politique romaine fut de se séparer de toutes les « nations qui n'avaient pas été assujéties ; la crainte de leur porter « l'art de vaincre fit négliger l'art de s'enrichir. »

Il n'était pas permis : 1º de transporter aux barbares du vin, de l'huile, et une espèce de jus ou de sauce appelée *liquamen* [5], dans la crainte sans doute que le goût de ces aliments ne les attirât dans l'Empire; 2º de leur fournir de l'or; si on en découvrait chez eux,

---

polit. des Romains, t. II, p. 455. — D'après M. Naudet (*Changements opérés dans l'administration romaine, de Dioclétien à Julien*, t. I, p. 23 et note 187, p. 189 à 191), les deux quotités de l'impôt existèrent simultanément, le huitième n'étant exigé que pour les marchandises précieuses, telles que celles énumérées dans le fragment de Marcien. Cette opinion est combattue avec force par M. Serrigny (*op. cit.*, p. 406) qui fait ressortir le caractère de généralité des textes mentionnant le tarif du 8ᵉ : *Octavas more solitos constitutas* (1, 7, C. de *Vectig.*) — *vectigal octavarii* (4. 8. *cod. tit.*) — *vectigal octavarum* (1. 7, de C. de *Locut. cond.*).

1· Code Th. l. 3 de *Immun. conc.*
2. L. 7, C. J. *de Vectig.*
3. L. 6. C. J. *hoc. tit.*
4. *Esprit des Lois*, liv. XXI, ch. 15.
5. L. 1. C. *Quæ res exportari non deb.*

il était permis de le leur ravir : *subtili auferatur ingenio*. (L. 2. C. *de comm. et mercat.*); 3° de leur vendre des armes, telles que cuirasses, boucliers, arcs, épées, glaives, ou de toute autre espèce; ou du fer, des pierres à aiguiser, du sel, toutes choses qui pourraient les rendre plus redoutables : *perniciosum namque romano imperio et proditioni proximum est, barbaros, quos indigere convenit, telis eos, ut validiores reddantur instruere.* (L. 2. C. *Quæ res export.*)

L'infraction à ces prohibitions, assimilée à la trahison, était presque toujours punie de la mort et de la confiscation [1].

Il y avait aussi des objets dont le commerce et l'importation étaient défendus [2], la pourpre réservée à l'empereur, la soie (si ce n'est par le comte du commerce), les blés et autres provisions en route ou dans les entrepôts pour alimenter Rome ; le blé destiné à l'armée.

Certaines villes avaient des octrois : il ne pouvaient être établis qu'avec l'autorisation de l'empereur : *Vectigalia nova non solent inconsultis principibus institui.* (L. 3. C. *vectig. nova.*) Lorsqu'une ville était assez pauvre pour qu'on doive lui accorder de nouveaux subsides, elle devait adresser sa requête au président de la province, qui la transmettait avec son avis à l'empereur. Celui-ci jugeait alors si et à quel point on devait avoir égard à la demande [3]. Ces *vectigalia* des cités étaient perçus, comme les *vectigalia publica*, par les publicains. La l. 13. § 1. D. *de Publican.* parle en effet de ceux qui ont affermé les octrois d'une ville.

La perception de l'impôt sur les douanes ne cessa jamais d'être affermée aux publicains (L. 11. C. *de vectigalium*), lors même qu'on eut pris l'habitude, pour les autres impôts, de la perception directe par des fonctionnaires de l'État.

II. — L'impôt sur les successions (*vicesima hæreditatum*) fut établi par Auguste, pour subvenir à l'entretien de ses nombreuses

---

1. L. 2. C. *Quæ res export.* — et L. II. *De Publicat.*
2. L. 3 et 4, C. *Quæ res ven. non poss.*
3. L. 1, C, *Vectigal. nova.*

armées, *cum ei magna pecunia opus esset ad alendas tot exercitus*[1].
Il ne pesait que sur les citoyens romains ; c'était une manière de
faire contribuer aux charges de l'État Rome et l'Italie, dispensées
de l'impôt foncier qui pesait si lourdement sur les provinces. Mais
lorsque Caracalla eut, précisément dans un intérêt fiscal, conféré
les droits de cité à tous les indigènes habitant l'*orbis romanus*[2],
le vingtième frappa même les provinciaux. Les habitants des provinces, soumis ainsi aux impositions particulières des citoyens romains, ne furent point exempts pour cela des tributs qu'ils avaient
d'abord payés en qualité de sujets. Cependant Alexandre Sévère
réduisit les tributs au trentième de ce qu'ils produisaient à son
avénement[3].

L'impôt frappait les hérédités, les legs, et les donations à cause de
mort[4]. Le droit était de 5 p. 100 des valeurs transmises.

Il y avait exemption des droits :

1° Pour les successions des proches parents[5] ;

2° Pour celles des pauvres.

Le droit sur les mutations par décès n'était pas perçu, comme chez
nous, sur l'actif brut de la succession ; on en déduisait 1° les frais
funéraires[6] ; 2° les dettes héréditaires[7] ; 3° la valeur des esclaves
affranchis[8].

Cet impôt a disparu sous Justinien (l. 3 Cod. *de Ed. div. Hadr.*) ;

---

1. Dion Cassius, L. LV, ch. 25.

2. L. 17, D, *de Statu. hom.*

3. Gibbon. *Décadence de l'Empire romain*, Ch. VI.

4. Dion Cassius, L. LV, Cb. 25.

5. *Vicesima, tributum tolerabile et facile heredibus extraneis, domesticis grave.
Itaque illis irrogatum est, his remissum. Videlicet quod manifestum erat, quanto cum
dolore laturi, seu potius non laturi homines essent, distringi aliquid et abradi bonis,
quæ sanguine, gentilitate, sacrorum deinde societate meruissent quæque numquam ut
aliena et speranda, sed ut sua semperque possessa ac deinceps proximo cuique
cepissent.* Pline. *Panegyr. Trajan.* C. XXXVII. 2.

6. Voy. l. 37. D. *De religios.* l'énumération par le jurisconsulte Macer des *sumptus
funeris.*

7. M. de Serrigny, *op. cit.*, p. 177. Cette opinion s'induit de l'assimilation établie entre
l'évaluation des biens pour la détraction de la quarte falcidie et pour le paiement du vingtième, dans la L. 68, D. *ad leg. falc.*

8. M. de Serrigny, *ib.*, se fondant sur la même analogie, l. 39, D. *ad leg. falc.*

les difficultés qu'offrait sa perception furent le motif qui décida le fisc à se priver de cette ressource importante.

L'impôt du vingtième était affermé aux publicains. Cela résulte de divers passages de Pline, rapportant entre autres, dans son *Panégy-rique* (ch. 40), que Trajan fixa le chiffre au-dessous duquel une suc-cession était réputée pauvre : *statuit enim summam quæ publicanum pati possit.* On en trouve la preuve encore dans le passage suivant du testament de Dasumius, restitué par Rudorff [1] : *Suscipiant eo nomine aut vicensime nomine cum publicano qui id vectigal conductum habebit...*

Il n'en fut sans doute pas toujours ainsi ; on trouve en effet trace du passage dans les *stationes* ou bureaux des Gaules de la Nar-bonnaise, de l'Italie, de l'Afrique, de *procuratores*, de *tabularii*, de *præsignatores*, etc... XX *hæreditatum* [2]. C'était la hiérarchie ordinaire des fonctionnaires impériaux chargés, dans les derniers temps de l'empire, de lever les impôts qu'on n'affermait plus.

III. — Le droit du centième sur les ventes (*venalitium* [3] ou *vectigal rerum venalium* [4]) fut établi par Auguste après les guerres civiles. Ce droit, extrêmement modéré, était général. Il comprenait tout ce que l'on achetait dans les marchés et dans les ventes publiques; et il s'étendait depuis les acquisitions les plus considérables en terres ou en maisons, jusqu'aux plus petits objets dont le produit ne peut devenir important que par le nombre infini ou par une consomma-tion journalière [5]. Une pareille taxe qui portait sur le corps entier de la nation, excita toujours des plaintes. Tacite [6] nous rapporte que Tibère, qui connaissait parfaitement les besoins et les ressources de l'État, fut obligé de déclarer par un édit public que l'entretien des armées dépendait en grande partie du produit de cet impôt.

---

1. Rudorff. *Das testament des Dasumius, Zeitsch. für gesch. Rechsw.* t. XII, p. 336 à 395. — Laboulaye, rev. de Législation, 1845. T. II, p. 273 et suiv.

2. Orelli et Henzen, inscript. select. 6940, 3331, 6568, 6644, 6646.

3. L. 4. G. *de Prox. Sacr. Ser.*

4. L. 17. D. *de Verbor. Signif.*

5. Gibbon, *op. cit.*, ch. VI.

6. Tacite. *Annal.* Lib. I. 78. *Centesimam rerum venalium post bella civilia institu-tam, deprecante populo, edixit Tiberius militare ærarium eo subsidio niti.*

Deux ans après, Tibère, qui venait de réduire le royaume de Càppadoce, diminua de moitié le *vectigal rerum venalium* [1]; mais cet adoucissement ne fut pas de longue durée. Il le ramena lui-même à l'ancien taux de un pour cent [2].

Cependant, pour les ventes d'esclaves, le taux semble avoir été toujours inférieur au taux normal. Dion parle du 50e, établi par Auguste [3]; Tacite, sous Néron, mentionne le droit du 25e sur les ventes d'esclaves [4]. Le nombre prodigieux d'esclaves que possédaient les Romains rendait d'ailleurs cet impôt extrêmement productif. :

Cet impôt est mentionné parmi les *publica vectigalia*, dans la L. 17 § 1. D. *de Verb. signif.* Il en est question également au code : la L. 1. *de veteranis* déclare que les vétérans en sont exempts ; la L. 4. C. de *proximis sacrorum scriniorum* en exempte les employés de l'administration centrale. Nous devons conclure de ces textes que le *vectigal rerum venalium* subsistait encore au temps de Justinien.

Les publicains en conservèrent-ils la perception? Cela semble résulter de la L. 1. C. *de veteranis*, où, après avoir dit qu'aucun droit de vente ne sera demandé aux vétérans, on ajoute immédiatement : *Publicani quoque (ut adsolent agentibus supplere) ab eisdem veteranis amoveantur; quiete post labores suos perenniter fruantur* [5].

---

1. Tacite. *Annal.* L. II, 42.
2. Dion Cassius, lib. LVIII, ch. 16.
3. Dion. lib. LV. *Augustus instituit quinquagesimam venalium mancipiorum.*
4. Tac. *Annal.* XIII. 31. *Vectigal quoque quintæ et vicesimæ venalium mancipio-. rum remissum; specie magis quam vi : quia, cum venditor pendere juberetur, in partem pretii emptoribus accrescebat.*
5. La perception du *Venalitium* par des officiers impériaux (*procuratores*) paraît cependant au premier abord démontrée par une inscription, rapportée par Sponius, dans ses *Recherches curieuses d'antiquités*, diss. VII, p. 143 :

TI. CL. DEMETRIUS
DOM. NICOMED.
V. E. PROC. AVGG N.N.
ITEM CC. EPISCEPSEOS
CHORÆ INFERIORIS

Ce Demétrius n'aurait-il pas été *procurator ducentesimæ?* Sponius suppose et cherche à démontrer que le 100e porté momentanément par Tibère au deux-centième, a été main-

IV. — L'impôt sur les affranchissements (*vicesima manumissionum*) est un des premiers impôts indirects que Rome ait connu. Il fut établi en l'an de Rome 396[1]. Il était du vingtième ou 5 p. 100 du prix de l'esclave affranchi.

L'évaluation était faite par les soins des publicains chargés de percevoir l'impôt, et qu'on appelait *vicesimarii*. C'est ce qu'indique le passage suivant de Petrone, fragm. Tragur., cap. LXV : *Scissa sacrum novendiale servo suo misello faciebat, quem mortuum manumiserat, et puto cum vicesimariis magnam mantissam habet : quinquagenta enim millibus existimant mortuum* [2].

L'impôt était à la charge de l'esclave affranchi. La preuve en est dans ce passage de Festus qui, définissant la *manumission*, met dans la bouche du *manumissor* ces paroles : *Hunc hominem liberum esse volo, ac pro eo auri X... puri, probi, profani mei solvo, ut priusquam digrediatur, efficiatur sui juris* [3].

Si le *manumissor* prend soin de payer la *vicesima* pour compléter sa munificence, c'est donc qu'en principe l'esclave devait payer.

On trouve d'ailleurs dans de nombreux testaments le legs de la *vicesima* joint au legs de liberté [4].

Il y avait là sans doute une distinction qui se faisait d'elle-même. Quand l'affranchissement était le résultat d'un rachat, l'affranchi payait lui-même le droit qu'il devait au fisc. Lorsqu'au contraire, la liberté était un don du maître, celui-ci, le plus souvent, achevait

tenu à ce taux. Il appuie cette opinion par un passage de Jul. Capitolinus, *Ant. Pio.*, cap. VI, où cet auteur aurait dit que l'empereur Antonin *procuratores suos modeste suscipere tributa jussit ducentesimæ*. Mais ce dernier mot, ajouté par Sponius pour les besoins de sa thèse, n'existe pas dans le texte authentique. Les lettres CC se rapportent à un autre ordre d'idées ; les fonctionnaires, les *procuratores* étaient appelés *ducenarios* lorsqu'ils touchaient des appointements de deux cent mille sesterces, de même qu'on appelait *centenarios* ceux qui n'en touchaient que cent mille. PR. CC désigne donc simplement un *procurator* aux appointements de 200 000 sesterces. — V. Burmann, *de Vect. Pop. Rom.* Ch. V. p. 72.

1. Tit. Liv. VIII, 16.

2. Ce passage est rapporté par Burmann, *de Vect. pop. rom.*, ch. X, p. 158. Il expose les conjectures que ce passage assez obscur a fait naître parmi les savants.

3. Festus, v° *Manumitti*.

4. Petrone. Trimalcion, ch. 71. — Testament de Dasumius, restitution de Rudorff.

son œuvre en payant l'impôt, ou en le faisant payer par ses héritiers, à la place de l'esclave [1].

Cette taxe était le prix de la cité romaine ; les affranchis latins, Juniens, ou deditices [2] et ceux affranchis par des pérégrins n'y étaient pas soumis [3].

Le jour où Caracalla conféra le droit de cité à tous les habitants du monde romain, l'impôt qui était le prix de l'acquisition du droit de cité par l'affranchissement dut être perçu même dans les provinces. C'est ce que démontrent de nombreuses inscriptions [4].

Il disparut dans la réforme financière de Dioclétien [5].

Le vingtième sur les affranchissements était affermé aux publicains. Dasumius enjoignant, dans son testament, à ses héritiers de payer le droit exigé, s'exprime ainsi : *Cœteros omnes, quos liberos esse jussi, eos ex meo accipere volo, quod eo nomine publicano debebunt, fidei autem eorum committo quisquis mihi heres heredesve erunt, ut eam pecuniam singulis dent, tribuent, concedant sine ulla controversia.*

Des inscriptions prouvent que la perception de cet impôt exigeait un personnel nombreux *(familia)* ; Fabretti [6] rapporte qu'il y est question d'*arcarii* (caissiers) XX *lib.*, d'un *villicus* (intendant) XX *lib.*, de *tabularii* (teneurs de livres) ; ailleurs de *familia* XX *et publicanus* XX *lib.* — Un certain nombre d'inscriptions de ce genre est rapporté également par Orelli, notamment celle-ci : *D. M. Inachus public. XX, libert. Inacho parenti piissimo* [7].

De la quotité de l'impôt, le vingtième, vint aux fermiers de

---

1. M. H. Naquet. *Impôts indirects chez les Romains*, p. 122.

2. Gaïus. I. § 13.

3. Burmann, *de Vect.* P. R. ch. 10. « *Non etiam vigesima exigebatur ab iis servis, qui a peregrino manumittebantur, sed tantum si a civibus, et optimo jure libertatem consequebantur.* »

4. M. de la Meynardière. *De l'impôt du 10ᵉ sur les affranchissements d'esclaves.* Poitiers, 1872.

5. M. Baudi di Vesme. *Impositions de la Gaule,* trad. Laboulaye dans la *Rev. historique,* 1861.

6. Inscr., cap. 1, p. 35 — rapporté par Burmann, op. cit., p. 160.

7. Orelli-Henzen. 6553. *Junge* 3334, 3335, 3336, 3337, 3338, 3354, 6647.

cette taxe le nom de *vicesimarii,* que leur donnent souvent les auteurs.

V. — L'impôt sur les procès (*quadragesima litium*) fut établi par Caligula [1]. C'était le quarantième de la chose litigieuse : *quadragesima summæ de qua litigabatur,* dit Suétone.

Cette taxe disparut sous Néron [2].

VI. — Nous arrivons aux impôts sur les mines et les salines.

Les *metalla,* c'est-à-dire tout ce qu'on extrait du sol, or, argent, fer, cuivre, pierres, étaient soumis à un double régime. Il y avait les mines publiques et les mines privées. Les premières appartenant à l'État étaient affermées aux publicains qui les exploitaient ; les secondes, propriétés particulières, étaient soumises à une taxe, à un impôt, dont les publicains étaient fermiers [3].

On ne connaît point la quotité de ce droit.

La recherche de l'or, en dehors des mines, dans les sables ou les eaux aurifères, était libre. Mais certaines conditions étaient im·posées aux chercheurs (*aurileguli* [4]). C'était : 1° de payer chaque année au fisc une quantité d'or brut ou non purifié fixée par homme à sept ou huit scrupules, selon les provinces : cette redevance s'appelait *canon metallicus;* 2° de livrer au fisc tout l'or trouvé moyennant un prix réglé. Cette obligation assurait au fisc le monopole du commerce de l'or [5].

C'est seulement à l'époque de la construction de Constantinople que l'on commença à distinguer la propriété de la superficie et celle du dessous. Constantin permit d'extraire le marbre non-seulement à chaque propriétaire dans son propre fonds, ce qui était le droit commun, mais dans les fonds d'autrui [6]. En ce dernier

---

1. Suétone, *Calig.* c. 40. — « *Exigebatur, pro litibus atque judiciis ubicumque conceptis, quadragesima summæ de qua litigabatur; nec sine pæna si quis composuisse vel donasse negotium convinceretur.* »

2. Burmann, *de Vectig.,* c. v, p. 64 et s.

3. Burmann, *op. cit.* C. VI, p. 82.

4. L. 1. C. *de Metall.*

5. M. Serrigny. *Droit admin. rom.* T. II, p. 196.

6. L. 3. C. *de Metall.*

LEDRU.

cas l'extracteur était tenu de payer un dixième de la valeur au fisc, et un autre dixième au propriétaire; le surplus lui appartenait et il pouvait en disposer à son gré.

Quant aux *salines*, la plupart des auteurs [1] pensent qu'il faut faire la même distinction que pour les mines : les unes appartenaient à l'État, les autres à des particuliers. Les premières étaient affermées aux publicains ; les autres exploitées par les particuliers. Seulement il n'y a point un droit payé directement par ceux-ci à l'État. L'impôt prend une autre forme : l'État a le monopole de la vente. Les particuliers exploitent librement les salines dont ils sont propriétaires, mais ils doivent vendre leur sel au fisc ou aux publicains qui le représentent [2].

Il faut dire qu'on n'a point à ce sujet de données bien certaines. Ce sont plutôt des conjectures fondées sur deux textes. Le premier est ce passage de Tite-Live, parlant des réformes qui signalèrent l'avènement de la République : *Vendendi salis arbitrium, quia impenso pretio venibat, in publicum omni sumpto, ademptum privatis.* (Liv. II, ch. ix.) C'est la création d'un monopole de la vente du sel au profit de l'État. Le deuxième texte invoqué prouve que ce monopole existait encore dans les derniers temps de l'empire : c'est une constitution des empereurs Arcadius et Honorius, rapportée *L. 1.C. de Vectig.* et ainsi conçue :

Iidem (Impp. Arcadius et Honorius A. A.). Lampadio P. P. Si quis sine persona mancipum, id est salinarum conductorum sales emerit vendereve tentaverit, sive propria audacia sive nostro munitus oraculo, sales ipsi una cum eorum pretio mancipibus addicantur.

Dans ces derniers temps, un auteur allemand, le Dr Max Cohn, a soutenu que les idées qui viennent d'être exposées et qui étaient généralement admises jusqu'alors, étaient complétement erronées.

---

1. Burmann, *de Vect.*, c. V, p. 90 ; Serrigny, t. II, p. 192. — On trouve en effet la mention de salines appartenant à l'état dans les L. 1. pr. D. *quod cuj. univ.*, 59 § 1 *de her. inst.* — 13, *de Public.*, de Salines appartenant à des particuliers, L. 32. D. *de usu et usufr.* L. 5, § 1. *de rebus eorum qui sub tut.*

2. Burmann, *op. cit.*, p. 92.

Il a fourni sur le régime des salines une hypothèse toute nouvelle et fort curieuse.

On rapporte, dit-il [1], qu'Ancus Martius avait créé à Ostie, à l'embouchure du Tibre, des salines qui suffisaient à tous les besoins de Rome, et pourvoyaient en outre le haut pays salin, produisant en abondance des convois de sel [2]. Ces salines appartenant à l'État furent de bonne heure affermées aux publicains. Il ne paraît pas que dans les premiers temps les auteurs aient fixé dans le bail le prix de la vente du sel; mais un *maximum* leur fut imposé aux débuts de la République. (C'est ainsi que M. Cohn interprète le passage de Tite-Live, déjà cité, et se rapportant, d'après les autres auteurs, à la création d'un monopole.) Les fermiers perdirent l'*arbitrium vendendi*, parce qu'ils vendaient trop cher, *impenso pretio*. C'est une de ces réformes par lesquelles le gouvernement nouveau s'efforçait d'acquérir de la popularité. Cet état de choses, qui était encore en vigueur en l'an 550 de Rome [3], changea lorsqu'on eut acquis, par la conquête, des provinces renfermant de riches salines, appartenant les unes à l'État, les autres à des particuliers. Si l'on ne voulait pas créer une inégalité entre les différentes provinces, il fallait renoncer à cette manière d'agir. Si on ne voulait pas entrer dans la voie périlleuse d'une réglementation à l'infini, en fixant un maximum pour les produits des salines appartenant à des particuliers [4], on ne pouvait maintenir la fixation d'un prix de vente pour les fermiers de l'État. La quantité de sel qui se trouvait alors à la disposition du peuple romain fut telle d'ailleurs que les prix s'abaissèrent d'eux-mêmes. A partir de cette époque, on peut dire

1. Dr Max Cohn. *Zum Römischen Vereinsrecht.* Berlin, 1873, ch. 7 : *Uber die societates und die Collegia der Staatspachter.*

2. Plinc. II. N. XXXI. 6 (41) § 89, dit : *Ancus Marcius salis modios sex mille in congiario dedit populo et salinas primus instituit, Ostiam deduxit.* Aurelius Victor, *de Viris Illustr.*, cap. V, dit qu'Ancus Martius *Salinarum vectigal instituit,* ce qui ne doit pas s'entendre d'un impôt créé par Ancus Martius, mais en ce sens que l'exploitation des salines fournit en ce moment à l'État un nouveau revenu.

3. Tit. Liv. XXIX, 37.

4. Ce qui fut fait par Dioclétien, en ce sens que le sel figure parmi les marchandises pour lesquelles il fixa un *maximum*.

avec certitude que l'État affermait ses salines, sans fixer un prix de vente à ses fermiers. De leur côté les particuliers exploitaient à leur guise celles qui leur appartenaient ; nulle part il n'est fait mention d'une imposition particulière à leur charge [1].

Il n'y avait donc ni monopole, ni impôt sur le sel, dit M. Cohn. D'après lui, on resta sous ce régime jusqu'aux derniers temps de l'empire ; nous n'avons même dans cette période aucun document faisant mention d'un changement. Au contraire l'édit de Dioclétien énumérant le sel parmi les marchandises pour lesquelles il fixait un *maximum* confirme cette opinion que les particuliers pouvaient faire le commerce de sel [2].

Toutefois M. Max Cohn se trouve en présence de cette constitution d'Arcadius et d'Honorius, que nous avons citée plus haut. On a coutume de prendre cette constitution en ce sens que dans l'empire romain il existait un monopole du sel, c'est-à-dire que, si la fabrication n'appartenait pas exclusivement à l'État, du moins la vente se faisait par l'intermédiaire de l'État, et que les particuliers propriétaires de salines ne pouvaient vendre leur sel qu'au fisc. L'exercice de ce monopole était dévolu aux fermiers des salines de l'État (*mancipes, conductores salinarum*). M. Cohn croit que le sens de ce texte est tout différent, qu'il n'y est aucunement question de monopole. Le mot *salinæ* n'est pas employé ici pour désigner les salines de l'État, mais une place, un bâtiment à l'intérieur de Rome, où le sel venant d'Ostie était conservé, en un mot un entrepôt. Les *conductores salinarum* ne sont donc point les fermiers des salines de l'État, mais les locataires de ces magasins situés à Rome, ce qu'indique encore leur situation inférieure parmi les *corporati* [3]. On tirait profit de ces *salinæ* en faisant payer une taxe aux marchands de sel. Ainsi M. Cohn comprend la constitution des empereurs Arcadius et Honorius en ce sens que, pour tout le sel vendu

1. Par contre les salines sont comptées dans l'estimation faite pour la répartition de l'impôt foncier. L. 4. § 7, D. *de Censibus.*
2. Comp. l. 2. C. Th. *de coll. donat.* et le commentaire de Godefroid à ce sujet.
3. Symmachi epist. X, ep. 58 (relationes nº IV. ed. Meyer, 1872), 27 (rel. 14).

à Rome, une contribution, consistant sans doute en ce droit de ma-
gasinage, devait être payée. Toute marchandise vendue ou achetée
sans l'intermédiaire de ces fermiers de l'entrepôt était confisquée
comme vendue en fraude, et adjugée aux fermiers. A la vérité, on
peut objecter que la constitution est adressée *Lampadio P. P.*, à un
præfectus prætorio, tandis qu'une décision intéressant particulièrement la ville de Rome devait avoir pour destinataire le *præfectus
urbi*. Cette objection paraît d'autant plus forte que celui-ci exerçait
précisément sa surveillance et son droit de juridiction sur les *corporati*, et parmi ceux-ci sur les *mancipes salinarum*. Mais à l'époque
à laquelle se place cette constitution (entre 396 et 408), on ne
trouve aucun préfet du prétoire du nom de Lampadius. Au contraire Symmaque, à cette date, écrivit plusieurs lettres à un préfet
urbain nommé Lampadius [1] ; en outre une inscription trouvée
en 1856 [2] indique un Lampadius comme ayant été préfet de Rome
de 402 à 408. Il est vraisemblable que le destinataire de notre constitution n'est autre que ce Lampadius, préfet de la ville, et que
l'inscription P. P. est le résultat d'une erreur.

L'argumentation sur ce point ne manque pas de force ; mais on
peut faire à la théorie de M. Cohn des objections bien plus graves
que celle qu'il a prévue, et qui résulterait de l'inscription mise en
tête de cette constitution impériale.

Et d'abord, nous voyons M. Cohn, après avoir annoncé qu'il n'y
a point eu de taxe sur le sel, obligé de reconnaître qu'il y avait
tout au moins un droit d'entrepôt analogue à une taxe. Il est vrai
que cette taxe serait particulière à la ville de Rome ; ce serait moins
un impôt qu'une sorte de taxe municipale. Mais on ne voit pas sur
quel fondement M. Cohn a pu se croire en droit de détourner le
mot *salinæ* de son sens vulgaire, ordinaire. Il ne cite aucun texte,
aucun auteur ayant désigné par là les bâtiments, les entrepôts dont

1. Symmach. L. VIII, ep. 62, 64.
2. Orelli-Henzen. III. 7215.

il parle. Il ne prouve même point que ces entrepôts aient jamais existé.

Nous devons donc, jusqu'à preuve contraire, conserver aux mots *salinæ* et *mancipes salinarum* leur signification usuelle, et entendre par là les publicains, fermiers des salines.

M. Cohn a d'ailleurs traité plus légèrement encore le texte de Tite-Live, rapportant que l'*arbitrium venditionis* a été *privatis ademptum*. Ce mot *privatis*, suivant M. Cohn, désignerait les publicains. Il est difficile cependant de trouver deux expressions qui soient en opposition plus directe que celles-ci : *privati, publicani*. Ces hommes qui *publico fruuntur*, dont les associations sont fréquemment appelées *societates publicæ*, deviendraient dans le texte de Tite-Live des *privati!* Tant que M. Cohn ne nous aura pas démontré que le texte même doit être modifié, et qu'il faut lire, au lieu de *privatis* le mot *publicanis,* nous nous refuserons à admettre son interprétation. Nous nous en tiendrons à celle qu'on a donnée jusqu'ici : elle n'a rien non plus d'absolument certain et d'absolument sûr. Elle a du moins l'avantage de respecter le sens évident des textes connus jusqu'à présent.

§ III. — *Domaine public.*

Outre les impôts, les publicains affermaient les domaines publics, terres arables ou de pâturages, mines, salines; enfin ils se rendaient adjudicataires des grands travaux publics.

I. — La République possédait de nombreux pâturages dans l'Italie et les provinces. Les principaux étaient en Apulie [1]; Cicéron parle également de pâturages en Sicile [2], et en Asie [3] : *Asia tam opima est ac fertilis, ut et ubertate agrorum et varietate fructuum, et magnitu-*

---

1. Tit. Liv., lib. XXXIV, c. 29 — La guerre civile y prit naissance, suscitée par le pasteur Athenion.
2. Cicéron. II *Verr.* 3.
3. *Pro lege Manil.*, cap. VI.

dine pastionis, et multitudine earum rerum quæ exportantur,' facile omnibus terris antecellat.

Les pasteurs payaient aux fermiers par tête de bétail, un droit appelé *scriptura*, parce que les propriétaires devaient déclarer les bestiaux qu'ils voulaient envoyer aux pâturages, et les faire inscrire sur un registre tenu par les publicains [1]. Le bétail non inscrit tombait en commise; il était confisqué au profit du publicain, qui pouvait le mettre en fourrière dans un parc isolé [2].

II. — Les mines et carrières (*metalla*) furent de bonne heure l'une des sources de la fortune publique.

Dans les premiers temps de la République, on exploita en Italie même des *metalla*, qui fournissaient des revenus importants; mais quand on eut conquis des provinces, renfermant des mines en abondance, on interdit l'extraction des métaux en Italie. C'est ce que rapporte Pline : *Italiæ parcitum est vetere interdicto patrum, alioquin nulla fecundior metallorum quoque erat tellus* (Lib. XXXIII, c. 4). L'Espagne, la Macédoine, l'Illyrie, l'Afrique, la Sardaigne, produisaient surtout les métaux. C'est Caton qui, le premier, tira de l'Espagne ce revenu : *Pacata Provincia, vectigalia magna instituit, ex ferrariis argentariisque, quibus tum institutis locupletior in dies provincia fuit.* On trouvait aussi en Espagne une quantité d'or considérable, soit dans les entrailles de la terre, soit en paillettes dans les sables aurifères [3]. Il y avait encore en Espagne des mines de plomb [4], et des mines célèbres de *minium* (*cinabre* [5]); Pline raconte *minium adulte-*

---

1. Festus. *Scripturarius ager publicus appellatus, in quo, ut pecora pascantur, certum æs est, quia publicanus scribendo conficit rationem cum pastore.*

2. Burmann, *de Vect.*, cap. IV, p. 44.

3. Un passage de Strabon nous dit combien était grande cette source de profits et de richesse ; il atteste *nusquam terrarum neque aurum, neque argentum, neque æs, neque ferrum, nec tantum, nec tam probatum generari, et non solum aurum ex Metallis effodi, sed flumina et torrentes auream deferre arenam.* Il ajoute que Polybe rapporte, *argentifodinas prope Carthaginem novam esse, in quibus quadraginta milliæ operarum Metalla exercerent, et eo tempore populo romano viginti quinque millia Drachmarum singulis diebus præstabant.* (Lib. III, p. 146).

4. Pline, lib. XXXIV, 17.

5. Pline, lib. XXXIII, 7.

rari multis modis undè prædia societati, grand profit pour les publicains.

De nombreux passages des anciens auteurs nous montrent que le meilleur fer provenait d'Espagne; c'était de là que les Romains tiraient leurs armes [1].

L'Afrique fournissait à Rome la pierre et le marbre. Les marbres de Lybie et de Numidie sont surtout cités par les écrivains de l'antiquité.

La Macédoine, avant d'être réduite en province romaine, fournissait à ses rois, par l'exploitation des mines, la plus grande part de leurs richesses. C'est de là que Persée tira toutes les ressources qui lui permirent de poursuivre la lutte contre les Romains [2]. Après la conquête romaine, l'État romain s'appropria les mines d'or et d'argent, et exigea un tribut de ceux qui exploitaient les mines de fer et de cuivre [3]. L'Illyrie fut traitée de même. Une province voisine, la Thrace, était également féconde en métaux; Philippe autrefois s'était emparé, au témoignage de Justin [4], de mines d'or en Thessalie, de mines d'argent en Thrace.

A ces provinces vint s'ajouter la Bretagne qui payait aux Romains un tribut d'or et d'argent [5]. Galgacus, excitant les Calédoniens au combat, leur dit : *Neque enim arva nobis, aut Metalla, aut portus sunt, quibus exercendis reservemur.*

La Sardaigne fournissait aussi à Rome de l'argent. C'est ce que rappelle Sidoine Apollinaire [6] dans ce vers :

Sardinia argentum, naves Hispania defert.

---

1. Les plus célèbres étaient celles de Biibilin. On lit dans Martial, Lib. I, Ep. 50 : *Videbis altam, Liciniane, Bilbilin, Equis et armis nobilem.*

2. Liv. XXXIX, C. 24 : *Vectigalia regni non fructibus tantum agrorum, portoriisque maritimis auxit, sed metallo etiam, et vetera intermissa resolvit, et nova multis locis instituit.*

3. T. Liv. XLV, c. 18 et 29.

4. Justin. Lib. VIII, 3.

5. Tacit. Agric. XII. *Fert Britannia aurum et argentum et alia Metalla, pretium Victoriæ.*

6. Sid. Appoll. *Carmen* VII.

Il y avait de même de nombreuses salines à Rome et dans les provinces.

Les publicains exploitaient les mines et les salines appartenant à l'État, ou percevaient les droits payés par les particuliers, exploitant des propriétés privées.

III. — Il arrivait aussi que les publicains se rendaient adjudicataires des grands travaux publics. On lit dans Valère Maxime (v, vi, 8) : *Quum secundo punico bello exhaustum ærarium, ne Deorum quidem cultui sufficeret, Publicani ultro aditos censores hortati sunt, ut omnia sic locarent, tanquam respublica a pecunia abundaret, seque præstituros cuncta; nec ullum assem, nisi bello confecto petituros, polliciti sunt.* — Certainement, il ne s'agit point dans ce passage des fermiers des impôts qui, loin de réclamer de l'argent à la République, devaient lui en fournir. Les *publicani*, dont il est ici question, ne sont autre chose que les entrepreneurs des ouvrages publics [1]. C'est ce que confirme Tite-Live, qui, rapportant le même épisode [2], attribue ce sacrifice aux adjudicataires de ces travaux.

1. Burmann. *De Vect.* Cap. IX, p. 124.
2. Tit. Liv. Lib. XXIV. 18.

CHAPITRE II

La ferme des impôts et en général des différents *vectigalia*, était concédée par voie d'adjudication.

§ I. — *Magistrats chargés de l'adjudication.*

Au temps de la République ce sont les censeurs, chargés d'assurer la perception des revenus publics, qui président à l'adjudication, sous le contrôle du Sénat [1].

Certains auteurs ont soutenu que les consuls avaient eu quelquefois aussi la mission d'affermer les *vectigalia*. Ainsi on a pensé que, pour le revenu appelé *scriptura*, cette mission concernait les consuls, parce que les consuls reçurent quelquefois l'administration *silvarum et callium* (des forêts et des chemins publics), assimilée au gouvernement d'une province. Suétone rapporte [2] qu'au moment de l'élection de César, *opera optimatibus data est ut futuris consulibus provinciœ minimi negotii, id est silvœ callesque darentur.* Boulenger [3], en rappro-

---

1. Polybe. Liv. VI. 2.
Le pouvoir des censeurs se bornait d'ailleurs à affermer les *vectigalia*. Ils ne touchaient aucune somme ; c'était l'affaire des questeurs qui géraient l'*ærarium*.

2. Suétone. — Cæs., cap. XIX.

3. Boulanger, *de Vect. P. R. cap.* 10 ; 1612.

chant ce passage de plusieurs autres, conclut qu'il s'agit de l'administration des revenus produits par les pâturages publics. Burmann [1] rec-
tifie cette opinion erronée, et explique le sens du passage précité. Une
loi de Caïus Gracchus, afin d'éviter que la désignation des provinces ne
fût faite en vue des personnes, voulait qu'elle eût lieu avant l'élection
des consuls (*futuris consulibus*). Mais quand César brigua le consulat, le
Sénat, prévoyant et ne pouvant empêcher son élection, ne voulut pas
désigner une province, où il pourrait être appelé à faire la guerre,
et à s'entourer d'une armée. On craignait son ambition ; il fallait lui
ôter tous les moyens de troubler l'ordre public. Au lieu d'une province à gouverner, on lui donna la surveillance des forêts et des chemins publics, c'est-à-dire la mission de maintenir dans les bois et
sur les routes la sécurité publique [2]. Ces fonctions, qui étaient le
plus souvent confiées à un questeur [3], ne comportaient en aucune
façon le droit d'affermer les revenus des pâturages. Le passage de
Suétone n'ébranle donc point l'opinion qui attribue aux censeurs le
droit d'affermer la *scriptura* comme les autres *vectigalia*. Ce droit
est affirmé d'ailleurs en diverses occasions par les auteurs anciens.
Cicéron dit [4], *Silvam Scantiam a censoribus locatam;* et Varron, *gre-
ges ovium ad publicanum profiteri ; ne, si quis inscriptum pecus pavis-
set, lege censoria committat* [5]. Toutefois il est certain que les consuls
durent présider à l'affermage des *vectigalia*, sous les empereurs,
quand on cessa de nommer des censeurs [6] ; il semble même résulter

---

1. Burmann, *de Vect.*, cap. VIII, p. 100.
2. Cette précaution fut inutile. César, à la fin de son consulat, avait encore accru sa
puissance. Sur la proposition du tribun Valérius, le peuple lui confia pour cinq ans, le
commandement des Gaules. (Suétone : César, XXII.)
3. Tacite. Annal. Lib. 27 — *Et erat iisdem regionibus curtius Lupus quæstor, cui
provincia vetere ex more calles evenerat.*
4. Cicéron, *in Brut.* XXII.
5. Varron, *de re rustic.* lib. II, c. 1.
6. Ovide écrit à Sextus Pompée consul :
  *Aut Populi reditus positam componet ad hastam
  Et minui magnæ non sinet urbis opes.*
                    (*Epist ex Pont.* lib. IV, epist. 5, v. 19).

d'un passage de Sénèque que cette mission échut parfois aussi aux prêteurs [1].

Dans les provinces, l'administration des revenus publics fut confiée sous l'empire à des *procuratores*, tirés tantôt de l'ordre équestre, tantôt de la classe des affranchis [2]. On institua ensuite des *comites sacrarum largitionum*, qui administraient les finances de tout l'empire, et recevaient dans leurs caisses tous les revenus publics; ils avaient sous leurs ordres de nombreux fonctionnaires, *rationales*, *numerarii*, *scribas*, etc.

§ II. — *Formes et conditions de l'adjudication.*

I. — L'adjudication était précédée par la publication d'un cahier des charges, contenant les clauses et conditions du bail. C'étaient les *tabulæ censoriæ*, ou *lex censoria* [3]. La loi censorienne se répétait sans doute à chaque adjudication comme l'édit du préteur, et avait fini par former une loi administrative presque invariable. La L. 203. D. *de Verbor. signif.* semble bien attribuer ce caractère à la *lex censoria portus Siciliæ*. Elle contenait des peines contre les délinquants et les contrebandiers; c'est pourquoi Varron dit que ceux-ci tombaient sous le coup de la *lex censoria* [4]. C'est encore dans la loi censorienne qu'était établi le principe, qu'il serait fait une remise sur le bail aux fermiers empêchés de jouir par l'ennemi [5].

II. — L'adjudication était faite ensuite sur le *forum* [6], suivant les formes ordinaires. Le questeur assistait aux enchères, il notait

---

1. Sénèque, *de Brevitate vitæ*, cap. XI, parle de ceux *quos hasta prætoris infami lucro, et quandoque suppuraturo exercebat.*
Tacite, Annal. Lib. XV. 18. *Tres consulares, L. Pisonem, Ducennium Geminum, Pompeium Paullinum vectigalibus publicis præposuit (Nero).*
2. Burmann. *de Vect.* Cap. VIII, p. 115.
3. Cicéron. — I. *Orat. agrar. contr. Rull.* Plin. XVIII, c. 3.
4. Varr. II *de Rust. lege censoria committere.*
5. Cicér. *De provinc. Procons.*, cap. V.
6. Tit. Liv. XLIII, c. 16.

le prix de la concession sur un registre appelé *hastarium*[1]. Il est remarquable qu'au lieu du mot propre *locatio* ou *conductio*, on employait quelquefois, pour désigner l'adjudication de la ferme des impôts, le mot *venditio ;* c'était une sorte de vente des revenus, dit Festus, pour expliquer cette locution[2].

Cette adjudication avait lieu à Rome pour les impôts levés sur tout le territoire de l'empire. *Vectigalia locare nusquam licet,* dit Cicéron, *nisi hâc urbe, hoc ex loco, hoc vestrum frequentia*[3]. Elle se faisait au mois de mars, parce que c'était, suivant les vieilles coutumes, le premier mois de l'année, et celui où les magistrats entraient en charge[4] ; au contraire les baux des maisons et des fonds de terre s'effectuaient aux calendes de juillet[5]. Les impôts étaient à l'origine affermés pour cinq ans[6] ou un lustre[7], durée de la magistrature des censeurs. A la fin de chaque lustre, les publicains devaient remettre aux censeurs la somme convenue dans le bail. Mais comme l'année n'était pas alors terminée avec exactitude, et qu'il y avait des jours intercalaires au gré des pontifes, ceux-ci allongeaient ou raccourcissaient l'année suivant que l'intérêt des publicains le demandait[8]. On conçoit aisément que cette complaisance des pontifes se payait au poids de l'or.

1. Tertull. Apolog. cap. XII et XIII. — La vente à l'encan se faisait *sub hasta* (*sub hasta vendi*) ; elle était annoncée par une pique.

2. Festus : *Venditiones olim dicebantur censorum locationes, quod velut fructus publicorum locorum venibant.*

3. Cicér. II. *agrar. contr. Rullum,* cap. 21. — Voy. encore I, *ib.,* cap. 3.

4. *Hoc* (mense Martio) *comitia auspicabantur, vectigalia locabant* (Macrob. I. Saturn. 12.) L. 15. D. *de publican.*

5. Burmann. *de Vect.,* cap. VIII, p. 105.

6. L. 356. D. *de jure fisci. Quum quinquennium in quo quis pro publico conductore se obligavit excessit, sequentis temporis nomine non tenetur.* Il faut lire, au lieu de *publico conductore, publici conductore,* comme s'il y avait *vectigalis conductore.* En effet un peu plus bas les fermiers des impôts sont appelés *conductores vectigalium publicorum.* Nous avons dit déjà que *publicum* est souvent mis pour *vectigal.*

7. Il est vraisemblable que les Romains empruntèrent aux Athéniens l'usage de faire payer les impôts à la fin de chaque lustre, ainsi qu'une infinité d'autres usages. Xénophon, dans son opuscule sur la république des Athéniens, dit expressément que les impôts se payaient à Athènes tous les cinq ans : τὸ δὲ μέγιστον εἴρηται, πρὶν αἱ τάξεις τῶ φόρω. τωτο δὲ γίγνεται, ὡς τὰ πολλὰ δὶ ἔτως πέμπα.

8. Amm. Marcell. XXVI, c. 1.

III. — Certaines modifications furent apportées à ces règles par les empereurs. Ainsi la durée du bail fut réduite par eux à trois ans. En outre il leur arriva, pour favoriser leurs créatures en leur accordant une ferme dont le prix ne fût pas élevé par la concurrence, de déroger à l'usage constant d'après lequel l'adjudication avait lieu aux enchères. D'autres fois lorsque, après un lustre écoulé, il n'était pas possible d'affermer les impôts au même prix pour le lustre suivant, et que pendant le bail précédent les publicains se trouvaient avoir gagné, on les contraignait à se charger encore pour un lustre du bail des impôts au même prix. Telle est la disposition de la L. 11. § 5. D. *de public. Qui maximos fructus ex redemptione vectigalium consequuntur, se postea tanto locari non possunt, ipsi ea prioribus pensionibus suscipere compellantur.* Ceci néanmoins paraît n'avoir été établi que pour un temps. « C'est un usage « très-rigoureux, dit Adrien dans un de ses rescrits, que de forcer « les fermiers des impôts et des biens publics à rester en possession « après l'expiration de leur bail, sous prétexte qu'on ne trouve « pas à les affermer au même prix ; on trouverait plus facilement « des fermiers, s'ils savaient qu'à la fin du bail, ils seront libres « de se retirer [1]. » Constantin décida d'une manière absolue qu'après l'expiration du terme, qui était alors de trois ans, les fermiers ne pourraient en aucun cas être forcés d'affermer de nouveau les impôts [2] : on fera une adjudication nouvelle à l'expiration de chaque bail. Il rappela également la règle d'après laquelle la ferme des impôts doit toujours être mise en adjudication publique et concédée au plus offrant enchérisse ur.

1. L. 3. § 6. *de jure fisci.*
2. L. 4. C. *de Vectig. et commis. Pænes illum vectigalia manere oportet, qui superior in licitatione extiterit : ità ut non minus quam triennii fine locatio concludatur, nec ullo modo interrompatur tempus exigendis vectigalibus præstitum. Quo peracto tempore, licitationum jura conductionumque recreari oportet, ac simili modo aliis locari.*

§ III. — *Qui peut se rendre adjudicataire?*

Tout le monde n'était pas admis à affermer les impôts. Toute une catégorie de personnes devaient être écartées de l'adjudication.

1° Les lois interdisaient aux magistrats de se rendre adjudicataires. Cicéron reproche avec véhémence à Verrés d'avoir fait partie d'une société de publicains, qui percevaient la dîme : *Grave crimen est hoc et vehemens, et post hominum memoriam, judiciaque de pecuniis repetundis constituta, gravissimum, prætorem populi Romani socios habuisse decumanos* [1]. Le but de cette loi était d'éviter les collusions entre les magistrats et les publicains, qu'ils devaient surveiller. Nous verrons plus loin que cette prohibition eut peu d'effets.

2° Les individus de mœurs décriées ou de condition abjecte n'étaient pas admis à affermer les *vectigalia*. Cicéron se récrie, dans un élan d'indignation, sur ce que Verrés avait admis dans une société de publicains une troupe d'esclaves, de fripons et de gens infâmes [2].

3° On ne pouvait être publicain si l'on n'était citoyen romain. Les étrangers sont donc exclus comme les esclaves [3].

4° Les tuteurs et curateurs ne pouvaient pas affermer quoi que ce soit du patrimoine de l'empereur, jusqu'à ce qu'ils aient rendu compte de leur gestion ; celui qui célait la tutelle ou la curatelle dont il était chargé pour obtenir une pareille location était puni comme faussaire [4]. Les biens des tuteurs et des curateurs n'offraient au fisc aucune garantie, l'action *tutela directa* étant à l'époque des jurisconsultes privilégiés *inter personales actiones*, et, depuis Cons-

1. Cicer. III. *In Verr.* n° XXXVI.
2. Cic. III, *In Verr.* n° XX.
3. Asconius Pedianus le fait entendre lorsqu'il dit : *mancipes sunt publicanorum principes Romani homines.*
4. L. 49. D. *loc. et cond.* — Décision de l'empereur Sévère citée par Modestin.

tantin, ces biens se trouvant grevés d'une hypothèque tacite au profit du pupille ou du mineur de vingt-cinq ans.

5° Ceux qui sont restés reliquataires envers le fisc pour une première concession des *vectigalia*, ne pouvaient pas être admis à les affermer de nouveau jusqu'à ce qu'ils aient payé leur reliquat [1].

6° Les débiteurs du fisc ou de la République ne pouvaient pas affermer les impôts, afin qu'ils ne se trouvassent point obérés par de nouvelles dettes ; on faisait exception à cette prohibition s'ils présentaient des répondants qui en garantissaient le paiement [2].

7° Le mineur de vingt-cinq ans était aussi exclu des enchères : car on pouvait craindre qu'il n'invoquât contre le fisc lui-même le *beneficium ætatis* [3].

8° Lorsque sous le Bas-Empire les biens des décurions furent pour le trésor la garantie du recouvrement des impôts directs, on ne voulut pas qu'ils pussent grever encore leur patrimoine de la responsabilité encourue par les fermiers des impôts indirects. Une constitution de l'an 383, rendue par Gratien, Valentinien et Théodose, leur interdit de se rendre adjudicataires d'un revenu public ou municipal [4].

Était-il permis aux femmes de se charger de la ferme des impôts, ou d'entrer dans une société de publicains, si ces femmes étaient *matres familias*, c'est-à-dire hors de toute puissance, et si elles étaient mineures de vingt-cinq ans ? Cette question est assez difficile à résoudre. La Loi 47. D. *de jure fisci* semble supposer au premier coup d'œil que les femmes pouvaient prendre la ferme des impôts ; et c'est le sentiment de Cujas. Il est dit dans cette loi [5] qu'une

1. L. 9 § 2. D. *de Public*.
2. L. 9, § 3. D. *de Public*.
3. L. 45. § fin, D. *Loc. et cond*.
4. Cod. Théod. L. 97, *de decurion*., Liv, XII. tit. 1.
5. *Moschis quædam fisci debitrix ex conductione vectigalis, heredes habuerat : a quibus post aditam hereditatem Faria Senilla, et alii prædia emerant : cum convenirentur propter Moschidis reliqua, et dicebant heredes Moschidis idoneos esse, et multos alios ex*

femme nommée Moschis était morte redevable envers le fisc à raison d'impôts affermés. Cependant il est peu probable qu'il s'agisse
dans cette loi des grands impôts de toute une province. Il n'est
question vraisemblablement que d'un fonds de terre sujet à quelque
impôt ou d'un impôt peu considérable dont Moschis ou son mari,
lorsqu'il vivait, avait pris la ferme, et au sujet duquel un reliquat
était dû. Il règne en tout ceci d'autant plus d'incertitude que la
question de droit agitée et décidée dans la L. 47 ne jette aucune
lumière sur cette autre question : une femme peut-elle prendre la
ferme des impôts? Voici l'espèce de la L. 47, telle que la rapporte
Paul. Moschis, débitrice du fisc à raison d'impôts affermés, avait
laissé des héritiers de qui Faria Senilla et autres achetèrent des
fonds de terre. Ces acquéreurs furent poursuivis par le fisc à raison
du reliquat que Moschis devait en mourant. Faria Senilla et les
autres acquéreurs s'adressèrent à l'empereur Antonin Caracalla,
lui représentèrent qu'il y avait des héritiers, que ces héritiers
étaient en état de payer, qu'enfin ils n'étaient pas les seuls qui
eussent acquis de ces mêmes héritiers. En conséquence ils deman-
dèrent que le fisc poursuivît sa dette contre les héritiers ou du moins
partageât entre tous les acquéreurs l'action qu'il intentait. L'empereur répondit que, dans ce cas, le fisc devait plutôt intenter l'action
personnelle contre le débiteur ou ses héritiers, que de poursuivre
par l'action hypothécaire les acquéreurs des fonds de terre provenant de la succession de Moschis. Par cette décision, le fisc se trouvait être de pire condition qu'un créancier particulier. Suivant
l'ancien droit, tout créancier principal avait le droit de poursuivre
ou le débiteur principal, ou les garants et ayant-cause de ce débiteur. Ce n'est que par la Novelle IV de Justinien que le droit de
choisir qui bon lui semblait pour poursuivre le recouvrement de sa
dette lui a été ôté. Depuis cette Novelle, la condition du créancier
particulier est la même à cet égard que celle du fisc Le tiers dé-

iisdem bonis emisse : æquum putavit imperator, prius heredes conveniri debere : in reli-
quum, possessorem omnem : et ita pronuntiavit.

LEDRU.

tenteur poursuivi par l'action hypothécaire peut toujours exiger que le créancier s'attaque d'abord au débiteur. C'est le *beneficium excussionis personale*[1].

La L. 47 *de Jure fisci* laisse donc indécise la question de savoir s'il était permis à une femme de prendre la ferme des impôts ou d'entrer dans une société de publicains.

§ IV. — *Garanties exigées des adjudicataires.*

Le fisc avait sur les biens de tous ses débiteurs : 1° un privilège ; 2° une hypothèque tacite. Outre ces deux garanties, il exigeait des fermiers des impôts un cautionnement.

I. — Le fisc avait, pour ses créances personnelles, un privilège qui le faisait passer avant les autres créanciers chirographaires de ses débiteurs[2], lors même que la créance de ces tiers aurait été elle-même privilégiée et plus ancienne que celle du fisc ; par la raison qu'en matière d'actions personnelles, le rang ou le privilége se détermine, non par la date, mais par la qualité de la créance[3].

Le privilège du fisc était général, et portait sur les meubles et les immeubles de ses débiteurs. Pour comprendre les effets de ce privilège, il faut se rappeler les différences considérables qui existent entre le droit romain et le droit français en matière de priviléges[4]. Chez nous le privilége est un droit que la qualité de la créance donne à un créancier d'être préféré aux autres créanciers, *même hypothécaires* (Art. 2095 et 2113. C. N.) Ajoutons pour que la définition soit exacte : *d'un même débiteur.* Il en était autrement

1. Justimen. Nov. IV, ch. 2.
2. *Privilegium fisci est, inter omnes creditores primum locum tenere.* Paul. *Sen-tent.* XII. 10.
3. 1. 32. D. *de Reb. auct. jud. poss.* — *Privilegia non ex tempore æstimantur, sed ex causa.*
4. M. Serrigny, op. cit. T. II, p. 9.

en droit romain : le créancier privilégié n'obtenait de préférence que sur les créanciers chirographaires ou sur les autres créanciers privilégiés [1] ; mais il n'avait ni droit de préférence à l'égard des créanciers hypothécaires, ni droit de suite à l'égard des tiers détenteurs : loin de là, il était primé par les créanciers hypothécaires [2]. La raison de tout cela est que le privilège ne conférant qu'un droit purement *personnel*, le débiteur demeurait libre d'hypothéquer et de vendre, et, par suite, de donner des droits *réels* qui l'emportaient sur les droits purement personnels des créanciers privilégiés [3].

Pour qu'un créancier privilégié pût l'emporter sur un créancier hypothécaire, il fallait qu'il eût une hypothèque privilégiée : ce que les lois romaines autorisaient dans quelques cas rares et exceptionnels [4]. Ainsi Justinien avait accordé [5] à la femme mariée une hypothèque privilégiée au moyen de laquelle elle primait, pour la répétition de sa dot, les créanciers hypothécaires du mari, même antérieurs au mariage. Ainsi encore le créancier qui avait prêté de l'argent pour conserver un navire, ou pour nourrir l'équipage avait une hypothèque privilégiée sur le navire [6]. Le privilège ordinaire du fisc étant purement personnel il devait arriver souvent qu'il lui fût inutile à raison des hypothèques ou des aliénations consenties par ses débiteurs. De là, pour lui, la nécessité d'avoir une hypothèque.

II. — Aussi voit-on que, plus tard, il obtint une hypothèque tacite : *Fiscus semper habet jus pignoris* [7], dit Hermogénien, l'un des derniers jurisconsultes dont les fragments soient entrés dans les Pan-

---

1. L. 38 § 1. D. *de Reb. auct. jud. poss.*
2. L. 6. Code. *de Reb. auct. jud. poss.*
3. L. 9. Code *Qui potior in pign.* — *Eos qui acceperunt pignora, cum in rem actionem habeant, privilegiis omnibus, quæ personalibus actionibus competunt, præferri constat.*
4. Nov. 97. c. 3. — *Novimus et antiquioribus creditoribus aliquas hypothecas præponere juniores existentes ex privilegiis a legibus datis.*
5. L. 12. Cod. *Qui potior pign.*
6. L. 5 et 6. D. *Qui potior pign.*
7. L. 46 § 3. D. *De jure fisci.*

dectes. Ulpien nous apprend que cette hypothèque tacite ne s'étendait pas sous Marc-Aurèle à toute espèce de créance du fisc [1]. Au
temps de Scœvola, qui fut le maître de l'empereur Sévère et de
Papinien, le fisc avait soin, quand il prêtait de l'argent, de se faire
donner une hypothèque par ses débiteurs [2], convention qui aurait
été inutile, si l'hypothèque générale tacite avait été inhérente à
tous les contrats du fisc. A partir au moins de l'an 214 de notre
ère, on voit que le fisc a une hypothèque générale, soit pour le recouvrement des impôts [3], soit pour tous les engagements dérivés des
contrats passés avec lui [4].

D'ailleurs cette hypothèque n'était pas privilégiée. Le fisc avait
deux droits distincts : un privilège purement *personnel*, n'ayant
d'effet que contre les créanciers chirographaires simples ou moins
privilégiés ; une hypothèque légale, dont le rang se déterminait
comme celui des hypothèques ordinaires, *ex tempore ;* et par conséquent il était primé par les créances hypothécaires antérieures à
la sienne [5].

III. — Les adjudicataires des impôts, des revenus du domaine, et des
travaux publics devaient fournir des cautions, qu'on appelait *prœdes*.
Prœs est, dit Festus, *qui Populo se obligat, interrogatusque a Magis-
tratu, si prœs sit, ille respondet prœs.* Ces cautions s'obligeaient per-
sonnellement; d'autres fois, elles engageaient en outre leurs biens [6].

---

1. L. 10, D. *de Pactis.* — *Et repeto, ante formam a divo Marco dictam, divum Pium
rescripsisse : Fiscum quoque, in his casibus, in quibus hypothecas non habet, et cæteros
privilegiarios exemplum creditorum sequi oportere.*

2. L. 21. D. *Qui potior in pign.* — *Postea mutuatus a fisco pecuniam, pignori ei
res omnes obligavit.*

3. L. 1. Code. *In quib. causis pign. Vectigal. nova.* — *Universa bona eorum, qui
censuerunt vice pignorum tributis obligata sunt.* L. ult. Cod. *Vectigal nova. Illorum qui
publica sive fiscalia debent, omnia bona sunt obligata.*

4. L. 2. *eod. tit.* — *Certum est ejus, qui cum fisco contraxit, bona velut pignoris
titulo obligari, quamvis specialiter id non exprimatur.* — V. aussi l. 3, cod. *de Pri-
vileg. fisci.*

5. M. Serrigny, *op. cit.* T. II, p. 14. — L. 8. D. *Qui potior in pign.* — L. 2. C.
de Privil. fisci.

6. Cicér. II. *In Verr.* 54. *Prœdibus, et prædiis populo cautum est,* et 55, *Ne parum
locuples esset, at erat et esset amplius si velles, populo cautum prœdibus et prædiis.*

Les biens ainsi engagés, étaient appelés *bona prædia : Prædia dicta*, dit Varron [1], *item ut prædes a præstando, quod ea pignori data publice mancipes fidem præstent.* — Quelquefois les adjudicataires ne donnaient point de répondants; ils engageaient seulement leurs biens à la sûreté de leurs obligations [2]. Souvent aussi ils étaient obligés de donner les deux sûretés à la fois, fournir des répondants et engager leurs biens. On en trouve la preuve dans cette inscription de Naples, rapportée par Brisson [3] : *Lex. Parieti. Faciundo. In. Arca. Quæ. Est. Ante. Œdem. Seraptis. Trans. Viam. Qui. Redemerit. Prædes. Dato. Prædiaque. Subsignato. Duumvirum. Arbitratu.*

Si les fermiers ne payaient pas le loyer des impôts, le fisc saisissait et vendait aux enchères les biens affectés par eux à la sûreté de leurs engagements, ceux des cautions, qui devaient garantir l'exécution des obligations; ceux mêmes des *cognitores* chargés d'évaluer les biens servant au cautionnement [4].

1. Varron. *De ling. lat.* Lib. IV. — Le *manceps* est le dernier enchérisseur. Voy. ci-dessous, p. 42.

2. Burmann, *de Vect.* Cap. IX, p. 135

3. Brisson. *De formulis* L. VI, p. 516.

4. Les garanties à cet égard sont énoncées en détail dans le chapitre 64 de la *Table de Malaga*. On voit, dans le même passage de ce précieux monument du droit municipal, que les fermiers des impôts municipaux sont soumis aux mêmes règles que les fermiers des impôts publics. Les cautions et *cognitores* sont obligés envers le municipe, comme ils seraient obligés au peuple romain si les obligations qu'ils garantissent avaient été contractées à Rome devant les magistrats, qui président à l'*ærarium*. La vente des biens est soumise aussi aux mêmes formalités. Voici ce texte curieux :

« *Rubrica. — De obligatione prædum prædiorum cognitorumque.*

« LXIV. — Quicumquè in municipio Flavio Malacitano in commune municipium ejus municipi prædes facti sunt erunt, quæque prædia accepta sunt erunt, quique eorum prædiorum cognitores facti sunt erunt : ii omnes et quæ cujusque eorum tum fuerunt erunt, cum præs cognitorve factus est erit, quæque postea esse, cum ii obligati esse cœperunt cœperint, qui eorum soluti liberatique non sunt non erunt aut sine dolo malo sunt erunt, eaque omnia, quæ eorum soluta liberataque non sunt non erunt aut sine dolo malo sunt, erunt, in commune municipium ejus municipii item obligati obligatave essent, si apud eos, qui Romæ ærario præessent ii prædes iique cognitores facti eaque prædia subdita, subsignata obligatave essent. Eosque prædes eaque prædia eosque cognitores, si quit eorum, in quæ cognitores facti erunt, ita non erit, qui quæve soluti liberati soluta liberataque non sunt non erunt aut non sine dolo malo sunt erunt, IIviris, qui ibi jure dicundo præerunt, ambobus alterive eorum ex decurionum conscriptorumque decreto, quod decretum cum eorum partes tertiæ non minus quam duæ adessent factum erit, vendere legemque his vendendis dicere jus potestasque esto ; dum cum legem is rebus vendundis dicant, quam

§ V. — *Les chevaliers fermiers des impôts.*

Sous la République, ceux qui se rendirent adjudicataires des impôts, les publicains appartenaient à la classe des chevaliers, qui avaient en leurs mains toutes les entreprises financières et commerciales. Les richesses acquises par les publicains leur donnèrent, dans l'ordre équestre même, un rang élevé. Cicéron les appelle « la fleur des « chevaliers romains, l'ornement de la capitale, les colonnes de « l'Etat [1]. » Souvent le mot *Publicains* est pris comme synonyme de *chevaliers*, parce que presque tous les chevaliers avaient part à la ferme des impôts.

Dans les premiers temps de l'empire, les chevaliers continuèrent d'étre fermiers des impôts, comme le démontre ce passage de Tacite : *Frumenta in pecunia vectigales, cætera publicorum fructuum, societatibus equitum Romanorum agitabantur* [2].

Mais bientôt la ferme des *vectigalia* tomba en d'autres mains; la condition sociale des publicains s'altéra. Ces sociétés n'étaient plus, au temps de Pline, « qu'un rendez-vous de vils esclaves, affranchis de la veille [3]. » Les agents de l'Etat entrèrent en concurrence avec eux. Ainsi Caligula, au rapport de Suétone [4], ne trouvant pas un profit suffisant dans la ferme des impôts qu'il avait imaginés, les fit recou-

---

legem eos, qui Romæ ærario præerunt, e lege prædiatoria prædibus prædisque vendundis dicere oporteret, aut, si lege prædiatoria emptorem non inveniet, quam legem in vacuum vendundis dicere oporteret ; et dum ita legem dicant, uti pecunia in foro municipi Flavi Malacitani referatur, luatur, solvatur. Quæque lex ita dicta erit, justa rataque esto. »

1. Cic. *pro Plancio*, cap. IX : *Florem equitum Romanorum, ornamentum Civitatis, firmamentum reipublicæ*. II. *In Verr.* 71. *Principes equestris ordinis*, et I. *Verr.* 51. C. *Mustius Eques* R. *publicanus, homo cum primis honestus.*

2. Tacit. Annal. Lib. IV, c. 6. — Par *frumenta* il faut entendre le blé provenant de la dîme qu'on levait sur les terres tributaires. *Pecunia vectigales* désigne les taxes imposées sur le transport des marchandises, sur leur entrée et leur sortie, sur les pâturages et les bois publics, et en général, toutes les taxes différentes des *tributs* que payaient les citoyens. *Cætera publicorum fructuum,* les autres revenus de l'Etat.

3. Pline. Liv. 33, c. II, 48.

4. Suét. Caligula, ch. 40.

vrer par ses agents et même par des soldats. On rencontre rarement dans les écrits du temps de l'Empire le mot *publicanus;* les expres_ sions correspondantes contiennent pour la plupart un sentiment de mépris [1], tant on était loin des riches et puissants fermiers des anciens temps!

1. Max Cohn *Zum Römischen Vereinsrecht,* p. 169, note 54.

CHAPITRE III

DES SOCIÉTÉS *VECTIGALIUM*.

Les publicains se formaient en sociétés pour l'exploitation des *vectigalia*. C'était en effet de grosses affaires : il était d'usage d'affermer en même temps les impôts de toute une province. Souvent aussi on réunissait dans le même bail différentes catégories d'impôts et de revenus. Cicéron cite dans la deuxième Verrine (70) une société qui avait affermé en même temps le *portorium* et la *scriptura*. Il fallait, pour suffire à d'aussi vastes entreprises, des capitaux considérables, que l'association pouvait seule fournir. C'est pourquoi on trouve souvent dans Cicéron et dans les commentaires des Jurisconsultes les mots *socii* et *societas*, pour désigner les sociétés de publicains.

Dans cette société, on assignait à chacun une part proportionnelle à sa mise de fonds. Cicéron, dans sa harangue pour Rabirius Postumus, dit que ce chevalier avait eu de grands intérêts dans les impôts [1]; comme Rabirius était fort riche, il avait engagé sans doute un capital plus important que ses associés. La société une fois formée, les chevaliers opulents qui en faisaient partie cédaient de petites parts à ceux de leurs amis qui n'étaient pas assez riches pour se rendre adjudicataires; ils leur ménageaient ainsi un moyen de faire des

---

1. Cic., pro Rabirio Postum., cap. II, *magnas partes habuit publicorum.*

bénéfices. Cicéron nous apprend encore que Rabirius en usa ainsi :
« il enrichit ses amis, les fit entrer dans les affaires, leur céda des
« parts [1]. » Toutefois par ces mots *les affaires*, il ne faut pas comprendre seulement la ferme des impôts, mais cette multitude d'entreprises, auxquelles chaque capitaliste participait en même temps.
C'était un principe chez les hommes d'affaires de s'intéresser à la
fois à de nombreuses spéculations en ne prenant que de petites parts
dans chacune ; ils n'aimaient point à agir tout seuls. Caton leur con-
seille de ne jamais mettre tout leur argent dans l'armement d'un
seul navire : « Il vaut bien mieux se joindre à quarante-neuf autres
« spéculateurs pour armer cinquante navires à frais communs, et
« n'avoir ainsi qu'un cinquantième d'intérêt sur chaque risque. »
Quelles opérations multiples et compliquées n'engendrait point un tel
système ! Mais le négociant romain y savait suffire, à force de travail, d'ordre et d'exactitude, et aussi à l'aide de sa bande d'esclaves
et d'affranchis, moyen autrement puissant que nos comptoirs modernes, à ne juger les choses qu'au point de vue du pur capitaliste.
Ainsi l'on vit les associations commerciales étendre leur centuple
réseau jusque dans la maison de tous les citoyens notables. Polybe
en témoigne, il n'y avait pas à Rome un seul homme riche, qui,
publiquement ou en secret, ne fût pas intéressé dans les sociétés fermières de l'Etat ; à plus forte raison avait-il toujours une forte part
de ses capitaux placés dans les compagnies commerçantes [2].

---

1. *Locupletavit amicos, misit in negotium, dedit partes.*

2. Mommsen. *Römische Geschichte.* Liv. III, ch. 12. Traduction de M. Alexandre,
T. IV, p. 142.

Rabirius prêtait à intérêt : *credidit populis*, dit Cicéron, *in pluribus provinciis ejus
versata res est.* C'étaient les affaires particulières qu'il faisait par l'intermédiaire d'amis
peu riches : Ils jouaient, pour son compte, le rôle d'usuriers. Pomponius Atticus, que
Cicéron appelle *germanus negotiator (ad Attic.* Liv. 1, p. 18), fut un de ces citoyens opulents qui faisaient, dans les provinces, commerce d'argent. Tel fut encore Senèque
(Valer. Maxim. IV. VIII. 3) qui, sous les dehors imposants de la philosophie, et avec
son affectation à préconiser le mépris des richesses, épuisa la Bretagne par ses usures.
(Burmann, *op. cit.*, cap. IX, p. 129).

§ I. — *Organisation intérieure des sociétés* vectigalium.

I. — Dans les compagnies qui se formaient ainsi pour la perception des impôts, les uns prenaient la ferme, les autres servaient de
cautions, d'autres enfin se mettaient en société avec les fermiers.
Celui qui se rendait adjudicataire de la ferme, était comme le chef de
la société, *princeps publicanorum* [1]. Cicéron dit en parlant du père
de Plancius : *Vel quod erat pater is, qui est princeps jam diu Publicanorum.* Cet adjudicataire était appelé aussi *manceps ;* cette dénomination vient de ce que celui qui mettait la dernière enchère faisait connaître, en levant la main, *sublatâ manu,* qu'il était *auctor Emptionis,*
le chef de l'entreprise [2]. Le *sublatâ manu* de Festus équivaut au
digitum tollere, ou *digito licere* de Cicéron [3]. *Asconius* Pedianus [4]
explique pareillement l'origine de ce mot. Les *Mancipes,* suivant lui,
sont *Publicanorum principes.* Tertullien [5] emploie le mot *manceps*
par métaphore, pour désigner le Dieu Suprême qu'il appelle *manceps
divinitatis,* tandis que les autres Dieux sont ses ministres [6], et exécu-
tent ses ordres. C'étaient les *mancipes* qui supportaient tous les ris-
ques, et qui étaient responsables envers l'Etat. *Hi omnes,* dit Asconius,
*exigenda a sociis suo periculo exigunt, et reipublicæ repræsentant, pro-
videntes etiam in illa redemptione commodis suis.*

II. — L'administration générale était aux mains d'un *magister,*
quelquefois de plusieurs. Le *magister societatis* ne doit pas être con-
fondu avec le *manceps,* le *Publicanorum princeps.* C'est ce que prouve
un passage du discours *pro Plancio* [7], dans lequel Cicéron dit que le

1. Polybe. Liv. VI, cap. 15.
2. Festus. *Manceps dicebatur quia in licitatione, qui superior erat, manu sublata
significabat se esse auctorem emptionis.*
3. I. Verr. 54, et III, 2, *id.*
4. *In Divinat.,* cap. X.
5. Apologet. cap. XI.
6. Tertullien emploie le mot *magistri,* autre allusion à l'organisation de ces sociétés.
V. page suivante.
7. N° 32, cap. XIII.

père de **Plancius** était *maximarum societatum auctor, plurimarum magister;* or nous venons de voir dans Festus que l'*auctor societatis* est le même que le *manceps*. Cicéron nous parle en plusieurs endroits de ces *magistri* [1] *;* c'étaient les plus considérables parmi les chevaliers romains : *ad L. Vibium Equitem Rom. virum primarium, quem reperiebant magistrum fuisse eo ipso anno, qui mihi maxime quærendus erat venio* [2]. Dans sa troisième Verrine, parlant de P. Vettius Chilon, *magister scripturæ et ejus societatis publicanorum,* il l'appelle *homo equestris ordinis honestissimus atque ornatissimus* [3]. Il est question, par cette société, de trois *magistri,* L. Vettins, L. Servilius et C. Antistius, soit qu'ils aient exercé en même temps, ou qu'ils se soient succédé.

Le *magister* faisait tous les contrats et représentait la société dans ses rapports avec les tiers. La L. 14. D. *de pactis* nous montre qu'il pouvait faire des pactes sur les dettes de la société : *Item magistri societatum pactum et prodesse et obesse constat.* Il présidait à l'administration intérieure et extérieure de la société; il tenait les livres, les registres et les comptes [4], il convoquait les associés pour délibérer sur les affaires importantes et prendre les mesures qu'exigeaient les circonstances. Cicéron compare ces assemblées à une sorte de Sénat.

III. — Le *magister,* résidant à Rome, était représenté dans la province, dont la société avait affermé les produits, par un *promagister ;* celui-ci levait l'impôt dans les différentes villes de la province. Cicéron [5] en fait mention : *Terentius meus necessarius, magnas operas in portu et scriptura pro Magistro dedit.* Zachée, dont il est question dans saint Luc [6], paraît avoir été un *promagister.* Saint Luc

---

1. Cic. *ad famil.,* Lib. XIII, ep. 9. *P. Rupilius Magister in societate Vectigalium Bithyniæ,* et V. *ad Attic.* 15, *Magistri scripturæ et portuum.*
2. II. In Verr. 74.
3. III. In Verr. 71.
4. Sigonius résume ainsi les attributions du *magister : Ex his autem socius unus fuit, qui magister societatis dictus est, qui Romæ societati ita proerat ut socios, quasi senatum cogendi ; et ad eos, de societatis negotiis referendi potestatem haberet, curamque omnem gereret tabularum et rationum, quæ undique ab iis, qui publicanorum societati operas dabant, Romæ mittebantur.* (De antiquo jure civ. Rom., 46, II. c. 4.)
5. Ad. Attic. III, ep. 10.
6. Cap. XIX. 2.

l'appelle. ἀρχιτελώνης, parce qu'il était chef des préposés à l'impôt.

IV. — Le *promagister* avait sous ses ordres des employés, des commis, qui, dans chaque ville, percevaient les droits d'entrée, la *scriptura*, etc. Pour désigner les fonctions de ces commis, on employait cette expression : *operas publicanis dare;* ainsi Valère Maxime, pour dire que Rutilius n'était pas un publicain, mais un simple employé, s'exprime ainsi : *At P. Rutilius non Publicanum in Sicilia egit, sed operas Publicanis dedit* [1]. Cicéron emploie fréquemment aussi les mêmes termes [2]. Il ne faut pas confondre ces commis avec les Publicains. Les commis n'étaient que des mercenaires, recevant des appointements fixes (*diurnæ capturæ*). Les livres tenus par eux étaient envoyés à Rome au *magister*.

Les commis des publicains ne furent pas toujours des hommes libres. Quelquefois c'étaient des esclaves. Cicéron parle, en plus d'un endroit, des esclaves des sociétés de publicains [3]. Dans son discours *De provinciis consularibus* [4], faisant l'énumération des violences exercées par Gabinius, l'orateur met au nombre de ces violences les moyens employés par Gabinius pour empêcher que le publicain ou son esclave se trouvât soit dans la ville où le gouverneur résidait, soit dans celle où il se proposait d'aller, et il ajoute que ce même Gabinius *custodias sustulit*. Les commentateurs ne sont point d'accord sur la signification du mot *custodias :* les uns veulent que ce soit les appariteurs ou gardes dont les publicains se servaient pour la levée des impôts; les autres entendent par *custodias*, les prisons où l'on mettait ceux qui se trouvaient en retard de payer aux publicains [5].

Parmi les commis des publicains, les *tabularii* (contrôleurs) sont mentionnés souvent dans les inscriptions. On trouve, par exemple, un

---

1. Val. Max. Liv. VI. C. IX n° 8.
2. *Ad. famil.* L. XIII. ep. 9. II. In Verr. 71 et III. 41.
3. III. In Ver. 77
4 *Oratio de provinc. consul.* n° V.
5. V. Bouchaud, *Mémoires sur les sociétés que formèrent les publicains pour la levée des impôts.* — Acad. des Inser. et Belles-Lettres. 1774. T. XXXVII. p. 241 et suiv.

tabularius portuensis dans une inscription rapportée par Gudius [1], et un *tabularius quadragesimœ Galliarum* dans une inscription .rapportée par Reinesius [2].

Ces contrôleurs veillaient à ce qu'il ne se commît pas de fraude dans la perception de l'impôt.

V. — Pour transmettre leurs ordres, les *magistri* avaient des messagers particuliers, qui sans cesse portaient des lettres à Rome, et en rapportaient dans les provinces. Cicéron écrit à Atticus de lui faire parvenir de ses nouvelles par cette voie : *Tu autem sœpe dare tabellariis Publicanorum poteris, per magistros scripturœ et portus nostra- rum diocesium* [3].

VI. — Outre les *mancipes*, les *magistri* et les *prœdes*, adjudicataires, administrateurs, et cautions, la société admettait de simples bailleurs de fonds. Tel fut Pomponius Atticus. Suivant Cornelius Nepos, Atticus *nunquam ad hastam publicam accessit nullius rei neque prœs neque manceps factus fuit* [4]. Cependant Cicéron nous le représente comme ayant eu des parts dans quelqu'une de ces sociétés [5]. C'était donc un simple commanditaire.

1. *Gud. inscrip.*, p. 43, num. 8, *in via Latina.*
   Libero. Patri. Conservat. Sacr.
   Gn. Domitius. Hænobarbus. Libert.
   Claudianus. Ministrator
   Ludi. Magni, LI. Procurat. Præd. T
   Cæs Tabularius. Portensis
   Ann. XII.

2. Reinesius, *Inscriptionum classe nond, inscript.* 37, p. 563, *Lugduni ante ecclesiam s. Nisii.*
   D. M. Et.
   Quieti. æternæ.
   Aureliæ. Munatiæ.
   Conjugi. Kariff. Et. Incomparabili.
   Q. Vix. Ann. XXIV. Mens. V. D. IX
   Quinetio. aug. Lib. Tab.
   VI arius. XXXX. Galliar.
   Sub. Ascia. Dedicavit.

3. *Ad attic.* Liv. V, ep. 15.
4. Corn. Nep. *In Attico*, c. 6.
5. Cicéron dans la lett. 19, liv. 1 *ad Atticum*, parle de l'affaire d'Atticus. Or si l'on rapproche cette lettre de la suivante et de la première du second livre, cette affaire

VII. — Les sociétés de publicains prenaient différents noms, suivant qu'elles avaient affermé tel ou tel impôt. Asconius nous dit que les fermiers de la dîme s'appelaient *decumani*, ceux des pâturages publics *pecuarii*, ceux des douanes *portitores*[1].

Les *decumani* percevaient l'impôt direct de la dîme (*decumæ*) dans les provinces qui ne jouissaient pas du privilège de le lever elles-mêmes[2]. Cicéron en parle souvent dans ses Verrines ; il les appelle *principes et quasi senatores decumanorum*[3]. Ils avaient coutume de faire avec les agriculteurs des conventions, qui leur assuraient une part de la récolte[4]. Ces pactes avaient pour but de prévenir les difficultés entre les provinciaux et les publicains. Cicéron dit qu'on devait s'y montrer accommodant : *possunt in pactionibus faciundis, non legem spectare censoriam, sed potius commoditatem conficiendi negotii et liberationem molestiæ*[5]. D'après ces conventions les magistrats provinciaux tranchaient les contestations[6]. Les prêteurs et les proconsuls, dans leur édit, promettaient de respecter les conventions entre publicains et provinciaux, pourvu qu'elles ne fussent entachées ni de dol, ni de violence. Entre autres conditions, les publicains stipulaient les intérêts, si l'impôt n'était pas payé dans les termes du contrat[7].

Les *decumani* disparurent lorsque, sous l'Empire, les dîmes se convertirent en une redevance pécuniaire, dont la perception fut confiée à des agents de l'État.

n'est autre chose que la levée des impôts sur les Sicyoniens, que pressait Atticus, soit en son nom, soit au nom des Publicains. Les Sicyoniens refusaient de payer les impôts, sous prétexte qu'un sénatusconsulte en exemptait les peuples libres, et qu'ils étaient du nombre.

1. Ascon. Pedian. *in Divinat.*, cap. X. *Mancipes, si questus sui gratia decumas redimunt, decumani appellantur, si portum aut pascua publica, portitores et Pecuarii, quorum ratio scriptura dicitur.*

2. V. ci-dessus. p. 6.

3. V. lib. II Ver. 13. 71. et III passim.

4. Burmann. *De Vect.*, cap. IX, p. 139.

5. Cicer. ad Q. Frat. I ep. 1.

6. Cic. *ad. Attic.* lib. V, ep. 14 et 15.

7. *Cic. ad Attic. VI. ep. 1. Usuras eorum, quas pactionibus adscripserant, servavit etiam Servilius, ego sic. Dem statuo satis laxam, quam ante si solverint, dico me centesimas ducturum, si non solverint, ex pactione.* Et il reproche à Gabinius (*in Orat. de Prov. cons.*, cap. V), *pactiones sine ulla injuria factas recidisse.*

Ceux qui avaient affermé les pâturages publics, et qui en percevaient les revenus étaient appelés *Pecuarii*. Tite-Live[1] leur donne ce nom. Cependant Pline[2] les appelle *publicani*, mais cette dénomination étant générale pour tous les fermiers des impôts n'a rien de contradictoire avec l'existence d'une désignation spéciale à une ferme déterminée. On les nomme ailleurs *scripturarii*, parce qu'ils percevaient la taxe suivant le nombre des bêtes inscrites sur leurs registres[3]. Cicéron parle souvent des *magistri scripturæ*[4], et de ceux *qui operas dant in scriptura.*

Ces sociétés disparurent quand les empereurs se furent appropriés une partie des domaines publics, et eurent donné le reste aux particuliers, sous conditions de fournir des chevaux, et autres choses servant à la guerre[5].

D'après Asconius les fermiers du *portorium* étaient appelés *portitores*. C'est une erreur; les *portitores* n'étaient pas les publicains qui avaient pris l'adjudication des douanes, mais les employés préposés par eux à la perception. Ce sont ces employés, recrutés dans les basses classes, avides et corrompus, qui méritèrent d'être mis par Cicéron au même rang que les usuriers[6]. Il y a la même différence entre les *publicains* et les *portitorii* qu'entre les grands négociants et leurs subalternes[7].

Les lois de douane avaient amené leur cortège habituel, les visites et les confiscations. Les *portitores* avaient le droit d'ouvrir les ballots, et même de décacheter les lettres[8]. Ils pressaient les voya-

1. Tit. Liv. lib. XXXIII, c. 42, et lib. XXXV, c. 10.
2. Lib. XIX, cap. 3.
3. V. ci-dessus, p. 43.
4. Cic. V. *ad Attic.* ep. 15, *ad Famil.* XIII, cp. 65 ; *ad Attic.*, II, cap. 10.
5. Burmann, *de Vectig.* cap. IV, p. 46.
6. Cic. *de Oficiis.* Lib. I. *Primum improbantur ii quæstus qui in odia hominum incurrunt, ut portitorum et fæneratorum.*
7. Saumaise, *De fænore trapezico*, p. 253.
8.   *Jam si obsignatas non feret, dici hoc potest :*
    Apud portitorem eas resignatas sibi
    Inspectasque esse.
       (Plaute, *Trin.* act. III, sc. 3, v. 64.)
    Sed epistolam ab eo adlatam esse audivi modo,
    Et ad portitores esse delatam, hinc petam.

geurs de questions embarrassantes. Ménechme, impatienté des questions de sa femme, lui répond en colère : « Je ne peux pas sortir
« que tu ne m'arrêtes et ne me retiennes pour m'interroger : Où
« vas-tu ? Que fais-tu ? Quel soin t'occupe ? Qu'est-ce que tu em-
« portes ? Qu'est-ce que tu as fait pendant que tu étais dehors ? J'ai
« épousé un *portitor*, qui me force de lui dire ce que j'ai fait et ce
« que je veux faire[1]. »

Les adjudicataires des mines n'avaient aucun nom particulier.
Tite-Live, parlant des mines de Macédoine, dit : *ea sine publicano
exerceri non possunt.*

C'est sous l'empire que les sociétés minières prirent tout leur
développement, quand les riches sociétés de *decumani* avaient déjà
disparu. Au reste l'organisation de ces deux sortes de sociétés était
dissemblable comme leur objet. Les sociétés fermières de la dîme
avaient un personnel nombreux, s'étendant sur toute la province
tributaire ; il y avait des arrêtés de compte difficiles et détaillés
avec les contribuables. Rien de tout cela n'était nécessaire pour la
ferme des mines et des salines. Là le point capital de l'affaire est
la production. Il n'est pas besoin d'un mécanisme compliqué ; de
mancipes, de *magistri*, de *promagistri*. Ces sociétés ne comprenaient
que quelques membres, quelquefois deux seulement[2].

§ II. — *Constitution juridique des sociétés vectigalium.*

La société *vectigalium* était régie en dehors des cas d'exceptions
spécialement prévus, par le droit commun des sociétés.

I. — La grande importance qu'avait pour l'État la durée de la
société *vectigalium* jusqu'au terme du bail, avait pour conséquence

---

1. Plaute. *Ménechm.*, act. I, sc. 2, v. 59.

> *Rogitas quo eam ? quam rem agam ? quid negotii geram ?*
> *Quid petam ? quid feram ? quid foris egerim ?*
> *Portitorem domum duxi, ita omnem mihi,*
> *Rem necesse loqui est, quidquid egi atque ago.*

2. Max Cohn. *Zum Römischen Vereinsrecht. Abhandl.* VII, p. 168.

une modification au droit commun, en cas de mort de l'un des associés.

En droit commun, lorsque l'un des associés meurt, la société est dissoute. Consentir à former une société avec plusieurs personnes réunies, ce n'est pas consentir à la former avec une ou quelques-unes de ces personnes séparément. Toutefois le contraire peut avoir été convenu dans le contrat de société[1]; la société continuera alors entre les associés restants. Mais on ne pourrait valablement convenir par avance que la société continuera avec les héritiers de l'associé décédé, *quia qui societatem contrahit, certam personam sibi eligit;* la nature de la société romaine, fondée avant tout sur l'*intuitus personæ,* répugne à ce qu'on se lie par un pareil contrat à des personnes incertaines.

Il y a une double exception à cet égard en faveur de la *societas vectigalis :* 1° La société continue toujours entre ses survivants, alors même qu'aucune convention n'est intervenue à cet égard ; à moins que la présence de l'associé prédécédé ne soit indispensable pour l'administration des affaires sociales[2]. 2° Il peut être valablement convenu d'avance que la société subsistera non-seulement entre les survivants, mais entre eux et l'héritier de l'associé prédécédé. Quelle est alors la situation de cet héritier ? Deux textes assez obscurs, et contradictoires en apparence, prévoient cette hypothèse :

La L. 59, pr. D. *pro socio,* Pomponius, lib. 12, ad Sabinum :

In societate vectigalium nihilominus manet societas, et post mortem alicujus : sed ita demum si pars defuncti ad personam heredis ejus adscripta sit, ut heredi quoque conferri oporteat.

Le second est la L. 63, § 8. *ib. Ulpianus,* lib. 31, *ad Edictum :*

Et circa societates vectigalium cæterorumque idem observamus, ut hæres socius non sit, nisi fuerit adscitus. Verum tamen omne emolumentum societatis ad eum pertineat simili modo et damnum agnoscat.

---

1. Instit. Liv. III. Tit. 25, § 5. *Nisi in coeunda societate aliter convenerit.*
2. Pomponius. L. 59. D. pr. *pro socio. Si is mortuus sit propter cujus operam maxime societas coita sit, aut sine quo societas administrari non possit.*

LEDRU,

Tandis que le premier de ces fragments paraît considérer comme suffisante *l'adscriptio heredis*, le second semble exiger que l'héritier ait été en outre *adscitus*, agréé par les associés survivants.

Ces deux textes se concilient et s'expliquent par une distinction entre la situation de l'héritier à qui la part du défunt a été *adscripta*, et celle de l'héritier qui a reçu par *l'adscitio* l'agrément de ses coassociés.

Dans le premier cas, l'héritier, sans prendre une part active aux opérations sociales, continue à courir les chances de gain et de perte de la société; dans le second cas, l'héritier *adscitus* devient associé dans toute la force du terme et prend absolument la place de son auteur dans la société. Pomponius a donc entendu parler d'une convention au moyen de laquelle, à l'époque même du contrat, les associés ont voulu, au cas du décès d'un d'entre eux, éviter la dispersion des capitaux qui devaient leur être indispensables et ont accordé en échange à l'héritier du défunt associé une chance de gain; tandis qu'Ulpien a eu en vue une seconde convention par laquelle les associés, l'un d'eux étant décédé, s'adjoignent l'héritier de celui-ci, et ajoutent ainsi *l'adscitio* à *l'adscriptio*. L'héritier, en ce dernier cas, ne sera plus un simple bailleur de fonds, mais un associé véritable, participant aux actes d'administration.

II. — On s'accorde généralement à reconnaître entre la société *vectigalium* et les sociétés ordinaires une autre importante différence. Cette distinction est tirée du passage suivant de Gaïns [1] :

Neque societas neque collegium neque hujusmodi corpus passim omnibus habere conceditur. Nam et legibus et senatusconsultis et principalibus constitutionibus ea res coercetur. Paucis admodum in causis concessa sunt hujusmodi corpora, ut ecce vectigalium publicorum socii permissum est corpus habere vel aurifodinarum vel argentifodinarum et salinarum : item collegia Romæ certa sunt quorum corpus senatus consultis atque constitutionibus principalibus confirmatum est, veluti

---

1. L. I, pr. § 1. D. *quod cujuscumque univ.*

pistorum et quorumdam aliorum et naviculariorum, qui et in provinciis
sunt. § 1. Quibus autem permissum est corpus habere collegii societatis
sive cujusque alterius eorum nomine, proprium est ad exemplum rei-
publicæ habere res communes, arcam communem et actorem sive syn-
dicum, per quem tanquam in republica, quod communiter agi fierique
oporteat, agatur fiat.

Il semble résulter de ce texte que certains *collegia* jouissent, par
exception, de la personnalité juridique. En principe, la société qui
découle de l'œuvre privée des parties ne peut revêtir qu'un caractère
privé; c'est simplement une réunion de personnes copropriétaires du
fonds commun. Mais l'intervention de l'Etat peut conférer à la société,
par une fiction légale, les droits et les pouvoirs de l'individu; faire
de l'ensemble et du composé un être abstrait, entièrement distinct
des parties composantes. Cet être de raison a ses droits, ses obligations envers les associés comme envers les tiers. C'est ce qu'on appelle
une personne juridique, un *corpus* [1]; Gaïus cite parmi ceux à qui il
est permis *corpus habere*, les *socii vectigalium publicorum.* On en conclut que les sociétés *vectigalium* formaient une personne morale; elles
jouissaient de la personnalité juridique et des prérogatives qui en ré-
sultent, privilège refusé à toutes les sociétés qui n'en avaient point
été investies par un sénatusconsulte, ou une constitution impériale.
Malgré les termes, formels en apparence, du texte de Gaïus, cette distinction n'est point acceptée unanimement. Suivant certains auteurs
toute société jouit de la personnalité, et la société *vectigalium* ne
jouit à ce point de vue d'aucune prérogative. Dans une autre opinion, la *societas vectigalium* n'est pas investie du caractère de

1. La personnalité de ces sociétés se détachant nettement de chaque membre entraîne
comme conséquences immédiates :

1° Que les créanciers des associés ne peuvent exercer de poursuites sur le fonds
commun, et, réciproquement, que les créanciers de la société n'ont aucun droit sur le
patrimoine des associés ;

2° Que lorsqu'une corporation est créancière le débiteur est lié envers le *corpus* et
non envers les membres (intérêt pour la compensation) ;

3° Que si elle constitue un mandataire *ad lites*, le tiers tient ses pouvoirs de la personne morale et non de chacun des associés.

personne juridique. On est donc en présence de trois doctrines :

1° Toutes les sociétés sont des personnes juridiques. Aucune distinction à faire entre la société *vectigalium* et les sociétés ordinaires;

2° En règle générale, les sociétés ne jouissent point de la personnalité juridique. — La *societas vectigalium* en est revêtue par exception ;

3° La personnalité n'appartient pas à toute société, mais la *societas vectigalium* n'en est pas investie. Elle n'est, pas plus que les sociétés ordinaires, une personne morale. Il ne faut pas la comprendre dans les corps, les êtres fictifs reconnus par l'Etat.

A. — L'opinion qui attribue la personnalité à toute société est soutenue par M. Troplong et par M. Duvergier, et dans l'ancien droit par Balde. M. Troplong s'appuie d'abord sur deux textes, l'un de Florentinus [1] :

Mortuo reo promittendi, et ante aditam hæreditatem, fidejussor accipi potest; quia hæreditas personœ vice fungitur, sicut municipium et decuria et societas.

L'autre d'Ulpien [2] :

A municipibus et societatibus et decuriis et corporibus bonorum possessio adgnosci potest.

Il est incontestable, dit M. Troplong, que la société apparaissait aux juriconsultes romains comme un être moral, pareil à une succession vacante, aux municipes, aux décuries; ils la placent au même rang. Sans doute la *societas* dont il est question ici est assimilée à l'hérédité jacente. Mais le voisinage des mots *municipium* et *decuria* indique bien qu'il ne s'agit pas, comme semble le croire M. Troplong, de la société en général. La *societas*, énumérée avec le municipe et la décurie, c'est la société investie par l'Etat de la personnalité juridique, celle qui constitue un *corpus*.

---

1. L. 22. D. *de fidej.*
2. L. 454 *de bonor. possess.*

On invoque encore un fragment de Paul, la loi 65, § 14, D, *pro socio*, ainsi conçue :

Si communis pecunia penes aliquem sociorum sit, et alicujus sociorum quid absit, cum eo solo agendum penes quem ea pecunia sit : Qua deducta, de reliquo quod cuique debeatur, omnes agere possunt.

Dans cette espèce un associé a souffert un dommage qui lui donne droit à une réparation de la part de la société, c'est celui qui est préposé à la caisse commune qu'il devra poursuivre. — S'il est vrai, dit M. Troplong, que la société ne forme pas un *corpus*, de sorte qu'on doive considérer les associés plutôt que la société, cet associé devra s'adresser à chacun de ses coassociés individuellement, pour se faire indemniser par eux suivant leur part et portion. Or il n'en est point ainsi. D'après Paul, c'est plutôt par la société que par les associés que l'indemnité doit être payée; c'est la société, c'est la caisse qui doit être actionnée. Sur quoi le président Fabre fait cette judicieuse remarque : *Societas enim ipsa est quæ debet et arca communis quæ inter socios fictæ cujusdam personæ vicem obtinet.* Et comme il y avait peu de sociétés qui n'eussent une caisse commune, il s'ensuit que la personnification dont parle Fabre et sur laquelle repose la loi 65, était la règle générale du contrat de société.

Il est encore facile de répondre à cette argumentation. Le jurisconsulte a nécessairement supposé, dans cette hypothèse, que l'un des associés a été chargé de gérer les affaires sociales. Il a l'administration des fonds; il a le droit de recevoir et payer pour ses coassociés; il est leur mandataire. C'est pourquoi celui qui a fait quelque dépense ou éprouvé quelque perte s'adresse à lui. C'est l'application naturelle des règles du mandat.

M. Duvergier [1] a fait une dernière objection que n'a point élevée son allié, M Troplong. Il a cherché un argument dans la différence qui existe entre l'action *pro socio* et l'action *communi dividundo*. Suivant cet auteur, la raison de regarder l'action *pro socio* comme per-

---

1. Duvergier. *Sociétés*, n° 382.

sonnelle est que l'on considère la société comme propriétaire de l'actif social et non les associés. En effet, si chaque associé eût été considéré comme propriétaire l'action *pro socio* ayant pour objet le partage eût été *mixte*. — Cette objection repose sur une erreur; l'action *pro socio* n'a point pour objet le partage des biens de la société, mais l'accomplissement des obligations réciproques des associés. Voilà pourquoi elle est personnelle, et l'action *communi dividundo* est nécessaire pour opérer le partage.

B. — La deuxième opinion, après avoir réfuté les arguments de MM. Troplong et Duvergier, conclut que le caractère d'entité juridique ne peut être reconnu qu'à certaines sociétés limitées.

Elle invoque le texte précité de Gaïus. Si toute société eût été douée de cette prérogative par le seul concours de la volonté des particuliers, Gaïus n'aurait pas requis l'intervention du législateur pour conférer la personnalité morale [1]. Si ce caractère eût été général, Gaïus dirait-il qu'on le rencontre *paucis in causis?* Aurait-il procédé par énumération restrictive?

De plus, la société personne morale aurait joui d'une propriété distincte de celle des associés qu'on n'aurait jamais regardés comme copropriétaires du fonds social. Or tous les textes sont d'accord pour décider que dans les sociétés ordinaires, les membres sont copropriétaires. Paul dit que l'associé ne peut disposer que de sa part dans le fonds commun : *Suœ partis tantum alienationem habet* [2]. Gaïus dit de même : *Nemo ex sociis plus parte sua potest alienare* [3]. Pourquoi sa part? Parce que, dans cette limite, il est investi du *jus dominii.* Pourquoi sa part seulement? Parce qu'il n'est pas propriétaire exclusif, parce qu'il est copropriétaire par indivis.

Les sociétés constituant des êtres moraux sont donc des exceptions

---

1. Voici en quels termes M. de Savigny justifie ce principe : « La nécessité du consentement de l'Etat pour la formation d'une personne juridique trouve sa source dans la nature même du droit ; quand la capacité naturelle de l'homme est étendue fictivement à un être idéal, l'apparition corporelle manque et la volonté de l'autorité suprême peut seule y suppléer. » *Hist. du dr. rom.*, t. III, § 27.

2. L. 16. D. *de rebus creditis.*

3. L. 68. D. *pro socio.*

au droit commun. Ce caractère important, et qui doit être refusé aux sociétés ordinaires, appartient certainement aux sociétés *vectigalium*. Gaïns cite en effet, parmi ceux à qui il est permis de former un *corpus*, les *socii vectigalium publicorum*. La nature distincte de ces sociétés, est affirmée encore par l'habitude qu'ont les auteurs de les désigner comme *societates publicæ*, par opposition aux *societates privatæ*. Enfin l'importance même de ces sociétés, attestée par Cicéron, leur organisation compliquée rendent bien vraisemblable cette idée qu'elles formaient, à bien plus juste titre que le moindre municipe, des personnes morales.

C. — D'après M. Max Cohn les mots : *sociis vectigalium publicorum permissum est corpus habere*, ont trait à toute autre chose que la *societas vectigalium*. Il ne s'agit point d'une société commerciale, formée pour exploiter telle ou telle ferme, mais d'une corporation religieuse, ou de secours mutuels, telle qu'en formaient les ouvriers des divers corps de métiers, un *collegium* des individus qui avaient pour profession d'affermer les impôts. Quant à la *societas vectigalium*, elle n'a jamais joui de la personnalité juridique.

Telle est la thèse toute nouvelle que M. Max Cohn a développée dans celle de ses dissertations sur les sociétés romaines, qui traite *des sociétés et colléges de publicains* [1]. Il la soutient avec un grand luxe de raisons, et une véritable force d'argumentation. Il est d'autant plus intéressant d'analyser ce système avec quelque détail, qu'il n'a pas encore été reproduit en France.

M. Cohn veut qu'on écarte d'abord tout argument tiré, pour l'interprétation du texte de Gaïus, de la condition des sociétés fermières au temps de Cicéron. Ces sociétés, de Cicéron à Gaïus, ont changé d'objet et de nature. Au temps de Cicéron le type de la société *vectigalium*, c'est la *societas decumanorum* ; c'est à elle que se rapportent cette organisation compliquée, cette comptabilité volumineuse, ces agents innombrables, dont nous trouvons l'indication dans les écrits

1. Max Cohn. *Zum Römischen Vereinsrecht.* 1873, Berlin, p. 155 et suiv. *Abhandl.* VII. *Ueber die societates und die collegia der Staatspächter.*

de Cicéron. Sous les empereurs, ces riches et puissantes sociétés ont disparu. Celles qui subsistent, les sociétés fermières des *metalla* et même des *portoria*, ont une exploitation toute locale, un personnel peu nombreux. Les fermiers n'appartiennent plus à la classe des chevaliers; ils exploitent par eux-mêmes. Enfin, tandis qu'à l'époque cicéronienne, les compagnies fermières des revenus d'une province comprenaient un grand nombre de personnes, au temps de Gaïus, il arriva que des sociétés de deux personnes seulement se rendaient concessionnaires [1].

Il ne faut donc pas conclure que ce qui se passait au siècle de Cicéron, était exact encore lorsque Gaïus écrivait. Les sociétés *vectigalium*, si puissantes, si fortement organisées sous la République, pourraient avoir reçu la personnalité juridique, sans que les sociétés, plus modestes, de l'Empire, aient joui des mêmes prérogatives.

Mais il n'est pas prouvé que, même au temps de Cicéron, ces sociétés aient eu le caractère de personnes morales. Malgré le grand nombre de ces associés, malgré la faible part que ces associés paraissaient prendre à l'administration des affaires, malgré la facilité avec laquelle s'opérait le transfert des actions, rien n'empêche de concevoir ces sociétés comme régies par le droit commun, peut-être avec quelques modalités. Ce qui doit faire prévaloir cette hypothèse, c'est que nulle part, ni dans les écrits de Cicéron ou des contemporains, ni dans les inscriptions antérieures à l'Empire, ces sociétés ne sont désignées sous le nom de *corpus* [2]. L'idée de personnalité juridique, la fiction qui crée des personnes morales, investies des mêmes droits que la personne physique, est bien postérieure à Cicéron. Le droit romain, au temps de la République, s'est dégagé lentement des formules, du caractère matérialiste qui le distinguait à l'origine. Il n'est devenu tout à fait spiritualiste et philosophique qu'avec les grands jurisconsultes de l'ère impériale. Alors seulement, on a compris

---

1. Un rescrit de Sévère nous montre même un simple particulier Hermès, fermier du *vectigal octavarum*, c'est-à-dire du *portorium* d'une certaine province. L. 7. C. *de Locato et conducto*.

2. Dirksen. *Manuale*, p. 5.

l'utilité des abstractions et des fictions légales. Des corps publics, l'Etat et les villes furent investis les premiers de la personnalité juridique; puis, à leur image, peu à peu, certaines sociétés, certaines associations, considérées comme de petits états dans l'Etat, de petites cités dans la cité, obtinrent ce caractère de personnalité [1]. Mais c'est seulement dans les derniers temps de l'Empire, que cette condition nouvelle d'existence leur fut étendue. Au temps de Cicéron, on n'attribuait point encore à des sociétés de particuliers, les droits qui découlent de la personnalité juridique.

Arrivons à l'époque des jurisconsultes; voyons si les sociétés fermières des impôts figurent parmi celles qui reçurent le caractère de personnes morales. On rencontre d'abord cet argument, que la nature particulière de ces sociétés est affirmée par leur désignation spéciale comme *societates publicæ* en opposition avec les *societates privatæ*. Ces deux termes sont employés par les commentateurs [2], mais la première de ces expressions ne se rencontre pas dans les sources du droit. On y trouve seulement l'expression *societas vectigalium publicorum*, et, pour les distinguer de celle-ci, les autres sociétés sont appelées *societates privatæ* [3].

On cite comme un autre argument, en faveur de cette opinion que les sociétés *vectigalium* sont des *corpora*, investis de la personnalité juridique, un passage de Tacite. Celui-ci rapporte dans ses annales [4] que Néron, en présence des plaintes que soulevait la tyrannie des traitants, eut la pensée de supprimer tous les *vectigalia*. Mais le Sénat mit un frein à son ardeur, en lui représentant qu'il enlèverait par là des ressources nécessaires à l'Empire. Il ajoutait : *plerasque vecti-*

---

1. Max Cohn, *op. cit.*, 1. *Einleitung und Begriffsbestimmung*, p. 8, note 19.

2. Balde. *L.* 1. C. *pro socio.* On pouvait fort bien d'ailleurs appeler les sociétés de publicains *societates publicæ*, à condition de ne pas se laisser induire en erreur par cette désignation. Nous savons que *publicum* est employé souvent pour *vectigal publicum*. On pouvait donc dire *societas publica* pour *societas vectigalis;* mais il ne faut pas en conclure que cette société était un corps public.

3. 1. 59. pr. D. *Pro socio. Adeo morte socii solvitur societas. Hæc ita in* PRIVATIS SOCIETATIBUS *ait : in* SOCIETATE VECTIGALIUM *nihilominus manet societas, et post mortem alicujus.*

4. Tacite. *Annal.*, XIII, 50.

galium societates a consulibus et tribunis plebis constitutas, acri etiam populi romani tum libertate. Ces sociétés constituées par les consuls et les tribuns, ont donc été revêtues par eux, dit-on, de la personnalité juridique. Voilà bien l'intervention de l'Etat nécessaire pour créer des personnes morales [1]. La réponse est qu'il n'est point question ici de sociétés *in concreto*, mais d'une manière générale des douanes, et, par voie de conséquence, de l'institution qui s'y rattachait forcément : des fermes et des fermiers de l'impôt. C'est en créant une multitude d'impôts par des lois ou des plébiscites qu'on a indirectement donné naissance à ces sociétés nombreuses dont le peuple supportait l'existence au temps même de la liberté. La phrase qui suit répond bien à cette interprétation : *reliqua mox ita provisa ut ratio quæstuum et necessitas erogationum inter se congruerent;* ce qui signifie que, pour le reste des *vectigalia*, c'est-à-dire ceux qui n'avaient pas été établis sous la République, par conséquent pour les *portoria* nouvellement créés, on n'avait fait que pourvoir aux moyens d'égaler les recettes aux dépenses. Il ne s'agit donc que des impôts créés par les consuls et les tribuns; il n'est question des sociétés fermières qu'accessoirement. D'ailleurs, si l'on voulait appliquer le passage de Tacite qu'on a coutume de citer à des sociétés concrètes, les mots *a consulibus et tribunis constituta* resteraient incompréhensibles; pour la fondation de sociétés, il ne peut être question de consuls ni de tribuns. Tout au plus, pourrait-on dire des censeurs, qu'en concluant des marchés avec ces sociétés, ils les ont constituées.

Il ne reste donc à l'appui de l'opinion dominante que le fragment de Gaïus. On interprète généralement ce passage comme il suit : « Il n'est pas permis à tout le monde indistinctement, dit Gaïus, de former un *corpus*, qu'il s'agisse de créer une *societas* ou un *collegium*. Cette faculté est limitée par la loi. Elle n'est accordée qu'en certains cas : ainsi les *navicularii* [2] et les

---

1. Mommsen, *de colleg.*, p. 86.
2. Les *navicularii* ou nautonniers étaient chargés de pourvoir aux transports maritimes des objets de consommation de Rome et de Constantinople.

pistores [1] peuvent fonder des *collegia;* les publicains des *societates.* »
Ces *societates*, formées par les publicains, sont donc des *corpora ;* et le
mot *societas* est une expression technique pour désigner une catégorie d'associations dont la fondation est subordonnée à une autorisation, et dont la concession entraîne avec elle les droits qui découlent de la personnalité juridique. Ce qui la distingue du *collegium*,
au moins en ce qui concerne la *societas vectigalium publicorum*, c'est
qu'elle poursuit des bénéfices. Pour exprimer dans le langage moderne cette situation, il suffit de rappeler que jusqu'à ces derniers
temps, dans la plupart des Etats de l'Allemagne, les sociétés par
actions ne pouvaient se former sans l'autorisation du gouvernement [2]; cette autorisation accordée, la société recevait par là-même,
la personnalité juridique. Cet état de choses, en employant des termes
analogues à ceux de Gaïns, se formulerait à peu près comme il suit :
« Il n'est pas permis à tout le monde indistinctement de créer une
société par actions; cette faculté n'est accordée que dans quelques
cas déterminés, par exemple pour les chemins de fer, les entreprises
d'utilité publique, etc. Une telle société est-elle autorisée? aussitôt
ellejouit des droits attribués aux personnes morales. »

La première question qui se pose est celle-ci : Comment expliquer
que le mot *societas* dans Gaïus ait le sens de « société commerciale
existant en vertu d'une autorisation et possédant la personnalité
juridique »? On est habitué à prendre le mot *societas* dans une accep-
tion beaucoup plus générale. D'un autre côté, les mots *societas habere
non conceditur* concordent avec cette idée qu'il s'agit d'une institution
particulière et limitée; sans quoi on aurait dit, non pas que *tout le
monde ne peut pas fonder une societas*, mais que *certaines sociétés ont
besoin d'une autorisation pour se fonder.* Il y a donc là quelque chose
d'anormal.

1. Les *pistores* remplissaient la double fonction de meuniers et de boulangers. Ils
broyaient le grain et faisaient le pain. (Serrigny, *op. cit.*, c. II, p. 358.)
2. M. Cohn raisonne sur les sociétés allemandes. On pourrait d'ailleurs en dire autant,
pour la France, des sociétés anonymes, affranchies de l'autorisation seulement par la loi
du 24 juillet 1867 (art. 21).

Mais, en admettant qu'il faille comprendre par *societas* les sociétés pour lesquelles une autorisation était nécessaire, il en résulterait l'interdiction de former librement des sociétés de ce genre. Comme il y avait des *collegia* que l'Etat ne voulait pas tolérer, et auxquels il refusait de reconnaître la personnalité juridique, il y aurait eu, puisque les *societates vectigalium* étaient seules autorisées, d'autres *societates* dont l'État ne voulait pas admettre l'existence. Quelles sont ces sociétés qui auraient eu le désir de constituer des personnes morales? Sans doute, des sociétés industrielles ou commerciales [1], qui avaient besoin pour quelques motifs de l'autorisation, et attendaient de cette concession les droits appartenant au *corpora*. Quel est le motif pour lequel on exigeait, pour la fondation des sociétés commerciales, l'autorisation du gouvernement, et pourquoi attachait-on à cette autorisation les droits qui découlent de la personnalité juridique?

Voilà les questions qui se présentent à l'esprit et auxquelles on est tenu de chercher une réponse.

Il faut remarquer d'abord combien serait inexacte cette idée que l'autorisation a pour seul but d'entraîner la concession par l'Etat de la personnalité juridique. Historiquement, la notion de personne morale a été longtemps sans aucun rapport avec la condition juridique des sociétés; c'est sous l'empire, pour la première fois, que la personnalité juridique a été liée accessoirement à l'autorisation de fonder des sociétés. On ne se demandait donc pas, avant d'accorder l'autorisation, si telle société avait plus ou moins de droits au caractère de personne morale; on se décidait d'après son utilité apparente, la faveur dont elle jouissait, etc. Gaïus ne dit point d'une manière formelle qu'il en était autrement de son époque. Ce qu'il veut dire, dans le passage précité, c'est que l'autorisation est nécessaire à l'existence de la *societas* comme à celle du *collegium*, et qu'accessoirement cette autorisation entraîne au profit de l'association la personnalité juri-

---

1. Nous employons le mot *société commerciale*, généralement usité chez nous pour désigner une société qui poursuit un bénéfice pécuniaire, comme équivalent du mot allemand : *Ericerbs gesellschaft*, société formée en vue d'un gain.

dique. Si l'on avait imaginé la concession pour ne pas laisser jouir toute *societas* des droits d'un être moral, Gaïus se serait expliqué nettement.

Cela posé, nous nous demandons ce qui pouvait motiver l'exigence d'une autorisation en matière de *societates vectigalium?* Sans doute des considérations relatives à la police des mines. On ne comprend pas alors pourquoi on attachait d'une manière générale à l'obtention de l'autorisation le droit de former un *corpus*.

En outre, voilà les *societates vectigalium publicorum* comprises parmi celles qui doivent être autorisées, soit par un sénatusconsulte, soit par une constitution impériale. N'est-ce pas étrange? Qu'est-il besoin d'exiger pour de telles sociétés une autorisation? L'État avait un moyen bien simple de ne pas tolérer certaines sociétés *vectigalium* : c'était de ne pas traiter avec elles.

Ces observations paraissent à M. Cohn de nature à ébranler l'interprétation généralement admise de la L. 1. D. *Quod cujuscumque univ*. Mais quel est le sens vrai?

Nous devons nous en rapprocher, si nous considérons le texte grec des Basiliques, qui donne en partie une traduction littérale du fragment de Gaïus.

Dans cette traduction [1], aussi bien que dans les gloses grecques [2], on est frappé de voir le mot *societas* rendu par ἐταιρεία, et cela d'une manière constante, sans exception. Il faut en conclure que, pour les traducteurs, le mot *societas* dans le fragment de Gaïus avait une signification tout autre que celle d'une société de gains, en grec κοινωνία [3]. En effet l'ἐταιρεία désigne les associations et réu-

---

1. Basil. VIII, 2 : οὐ πᾶσιν ἐρεῖται ποιεῖν ἐταιρείας ἤ συττήμστα ἤ σωμάτεῖα. ἀλλ' ἐπὶ δημωσίων τελῶν καὶ μετάλλων ἀργύρου καὶ χρυσοῦ καὶ ἁλικῶν καὶ μαγκίπων καὶ ναυκλήρων καὶ τινων ἄλλων ἀπὸ νόμου βεβαιωθέντων.

2. Dans l'*Hermeneia* de Stéphane, à propos du passage cité dans la note précédente, on lit : ὁ Γαῖος δίδασκεν, τίσιν ἐπιτέτραπται ἐταιρείας καὶ κολλέγιον ἤ σωματεῖον συστήσασθαι·λεγει γὰρ, ὅτι οὔτε ἐταιρείαν, οὔτε κολλέγιον, οὔτε σύστημα, οὔτε σωματεῖον ἐρεῖται τοῖς τυχοῦσι χάδην (éd. Heimbach, t. I, p. 419).

3. Comp. Rubr. XII-I, Basil. περὶ κοινωνίας καὶ λύσεως αὐτῆς, et son contenu : Harpocration Lexicon, τῶν δίκα ῥητόρων : κοινωνικοί, οἱ ἐχουσιαν κοινωνιαν συνθέμενοι, ἐμπορίας ἤ τινος ἄλλου, ὧν ἕκαστος οὐκ ἔχει τὸ ὅλον τίμημα τῆς κοινῆς οὐσίας.

nions politiques [1], c'est une expression correspondant au latin *soda-licium* ; jamais on ne l'emploie pour désigner une association commerciale.

Il ne s'agit donc point, dans l'esprit du traducteur grec, d'une société *vectigalium publicorum* : une telle société, poursuivant un profit pécuniaire, étant une *societas quæstuaria*, serait désignée en grec par le mot κοινωνία [2]. Il s'agit de ce qu'on appelait ἑταιρεία en grec, et en latin *sodalicium* ou *collegium*. Or, dans la langue des jurisconsultes classiques, on ne trouve jamais le mot *societas* pris en ce sens [3]. Il est donc bien étrange qu'un juriste exercé dans le langage classique, comme l'était Gaïus, se soit exprimé sans nécessité d'une manière si bizarre. Le terme *sodalitas* ou *sodalicium* eût été évidemment l'expression naturelle.

Cette considération conduit à présumer que le fragment en question ne contient pas le véritable terme employé par Gaïus. Dans le texte original de Gaïus se trouvait probablement le mot *sodalitas*, ou, ce qui est vraisemblable encore, *sodalitium*. Mais Justinien pensa que l'emploi de cette expression entraînerait une contradiction avec un fragment de Marcien inséré dans le Digeste [4], et dans lequel il est énoncé que les *collegia sodalicia* ne doivent point être tolérés.

1. Nous croyons pouvoir traduire ainsi la définition de M. Cohn : « Eine Vereinigung von Genossen zu Geselligen Zwecken und als criminalischer Begriff zu factiosen Zwecken. » M. Serrigny (t. II, p. 288) comprend en effet sous le nom d'*associations et réunions politiques*, toutes les associations qui par leurs tendances pouvaient devenir un danger public, dont l'existence était soumise à l'autorisation, et qui, en dehors de cette autorisation, étaient réputées illicites : corps de métiers, sociétés de secours mutuels entre les petites gens (*tenuiores*) connues sous le nom de *sodalitia*, colléges de prêtres, de vestales, les temples païens, l'église catholique depuis Constantin, les établissements de bienfaisance.

2. Ainsi Stéphane, dans le passage de l'*Hermeneia* cité à la note 2 de la page précédente, appelle les fermiers de l'impôt κοινοί et κοινωνοί, et dans son commentaires sur le Liv. XII, 1. 5, Basilic., il appelle la société fermière une κοινωνια... ἐπι δημωσίῳ τελέσματι.

3. Une semblable expression se trouve en tout dans deux passages du code Théodosien : c. 46. *de cursu publico*, où il est question de la *societas consortiumque laurentum* (p. 36. 36), et dans le c. 14, *de numerar. actuar. scriniar.* de *l'actuariorum societas*. On ne la rencontre pas dans les inscriptions.

4. L. 1. pr. D. *de collegiis et corporibus.* — *Mandatis principalibus præcipitur præsidibus provinciarum ne patiamur esse collegia sodalitia, neve milites collegia in castris habeant.*

Alors, il n'était plus exact de dire, comme le faisait le fragment de Gaïns, que les *sodalicia*, s'ils ne pouvaient pas s'établir librement, pouvaient du moins obtenir l'autorisation, et que les sociétés autorisées sous le nom de *sodalicium* jouissaient de la personnalité juridique. Cette expression pouvait fort bien se trouver au contraire dans le texte de Gaïus, parce que de son temps elle répondait à une chose licite. Justinien substitua donc au *sodalicium* qu'il retranchait la *societas*. Le passage qui originairement était ainsi conçu :

Neque sodalicium neque collegium neque hujusmodi corpus,

fut transformé dans la leçon actuelle en :

Neque societas neque collegium neque hujusmodi corpus ;

et de même aujourd'hui on lit :

Quibus autem permissum est corpus habere collegii societatis sive cujusque alterius eorum nomine,

au lieu de :

Quibus autem permissum est corpus habere collegii sodalicii sive cujusque alterius eorum nomine.

Ce dernier changement confirme encore l'hypothèse d'une allitération provenant de Justinien ; car la leçon adoptée aujourd'hui ne donne aucun sens intelligible [1]. Les mots *cujusque alterius eorum* ont la même signification qu'*utriusque*, mais ils indiquent en outre qu'il s'agit de deux mots qui se complètent l'un par l'autre. Cela s'applique exactement et exclusivement à l'expression *collegium sodalicium*, composée de deux mots qui ainsi joints désignent certaines associations [2]. Il résulte de ces considérations que chaque

---

1. Mommsen propose dans son édition des Pandectes : *collegii societatisve sive cujusque alterius nomine eorum proprium est...* ce qui d'ailleurs ne sert pas à grand'chose.
2. V. Marcien. (L. 1. pr. D. *de coll. et corp.*) Orelli, 4947 (*schola consecrata Silvano et collegio ejus sodalicio*) ; Henzen commet une erreur en voulant y lire *sodalicii* (Orelli-Henzen. III. Index, p. 175.) — Cette substitution explique aussi la présence du mot *societas* en d'autres passages où il excite la surprise (L. 3, § 6. D. *de bon. poss. c. t.*, L. 22. D. *de fidej. et mand.* et L. 31, § 1. D. *de furtis* ; dans les deux premiers quelquels mots comme *decuria* et *corpus* semblent interpolés). Peut-être que là aussi se trouvait le mot *sodalitas* ; c'est assez vraisemblable si l'on songe que ce mot, si fréquent dans les classiques, ne se rencontre point dans les fragments recueillis par Justinien. Il y a cependant une différence entre ces passages et le fragment de Gaïus : tandis que les

fois que, dans ce fragment, on rencontre le mot *societas*, il n'est pas question d'une société ayant un but pécuniaire, comme la *societas vectigalium publicorum*, mais d'une association ayant un tout autre but, et de l'analogie avec le *collegium*.

Ainsi, pour Justinien les mots *societas* et *collegium* sont ici synonymes. Il ne faut donc plus diviser le fragment de Gaïus en deux parties, dont l'une (depuis *ut...* jusqu'à *salinarum*) aurait trait aux *societates*, et l'autre (depuis *item...* jusqu'à *in provinciis sunt*) aux *collegia ;* et tirer de là, comme on le fait, des inductions sur les différences qui existent entre les corporations appelées *societates* et celles appelées *collegia*. Il y a cependant entre ces deux parties de l'énumération une différence tout extérieure. Ce fragment est tiré du commentaire de Gaïus sur l'Édit provincial ; il cite d'abord les corporations qu'on ne rencontre qu'en province, puis celles qui existent à la fois à Rome et dans les provinces. Mais leur condition est la même.

Gaïus dit donc simplement, dans le passage précité, qu'il n'est pas permis à tout le monde de former des associations : on autorise seulement certaines associations comme celles des nautonniers, des meuniers-boulangers, et des publicains. Ainsi les associations *socii publicani* dont il est ici question ont certains rapports avec les corporations des *pistores* et des *navicularii* [1]. Or on n'a pas établi jusqu'à présent que les corporations de boulangers et de nautonniers aient eu au temps de Gaïus le caractère de sociétés commerciales ;

Grecs ont soupçonné l'interpolation de Justinien dans Gaïus et ont substitué le mot ἑταιρεία, ils ont laissé dans ceux-ci la κοινωνία figurer parmi les personnes, recevoir la *bonorum possessio*, etc. Sans doute qu'ils traduisirent d'abord sans défiance le mot *societas* par son équivalent grec, mais en arrivant au fragment en discussion ils ont été mis en éveil, et ont reconnu l'interpolation de Justinien. Nouvelle preuve de l'importance qu'ils ont attachée à ce mot, tout à fait en désaccord avec le sens qu'ils donnaient au texte de Gaïus.

1. Les *pistores* et les *navicularii* jouaient un rôle important dans l'État byzantin. Justinien les a sans doute cités de préférence, omettant d'autres corporations citées par Gaïus, dont l'énumération devait être complète, et comprendre des corps de métiers moins importants ou disparus. Il était naturel de faire figurer à côté des *pistores* et des *navicularii*, les publicains ; ils avaient, eux aussi, leur importance et leur utilité pour le public.

leur objet était de se secourir mutuellement. D'ordinaire aussi elles avaient leur patron et leur culte.

Il en est de même des associations de publicains. Leur analogie avec les corps de métiers (*collegia opificium*) est démontrée par des inscriptions où elles prennent le nom de *collegia*. Ce sont les suivantes :

1. — *Diti terræ | matri Drus(us) Verpidius Pollianus | quæstor et colleg(ium) salinari(orum) vo(tum) s(olverunt)* [1].

2. — *Silvano domestico | patriæ Euphorus | pro salute P. Ae | mari conductoris pasc(ui) et salinari(o) v(otum) v(overunt)* [2].

3. — *P(ublio) Ael(io) P(ublii) fil(io) Pap(iria) stre | nua eq(uiti) p(ublico sacerd(oti) | aræ Aug(usti) auguri et II viral(i) col(oniæ) Sarm(izegethusæ augur(i) col(oniae) Apul(i) dec(urioni) col(oniae) Drob(etis) patron(o) | collegior(um) fabr(orum) et nautar(um) conduc(tori) | pascui salinar(um) et commercior(um) | Rufinus ejus |* [3].

4. — *Terræ | matri M(arcus) | Antonius dec(urio) coll(egii) aur(ariorum | v(otum) s(olvii) l(ibens) m(erito)* [4].

De la première inscription résulte qu'il existait un *collegium salinariorum;* de la seconde que les *salinarii* ne sont pas ceux qui font le sel, mais ceux qui possèdent les salines; car il serait inconcevable que les fermiers du sel se soient livrés à un travail *infligé* d'ordinaire comme une peine et par sentence [5]. La troisième inscription démontre que les salines de Dacie faisaient partie du domaine

1. Cette inscription a été trouvée en 1796 dans les ruines du vieux château romain de Thorda, ancienne saline. Elle a été publiée par Neigebaur. *Dacien*, p. 205, n° 34, et par Ackner et Müller, *die r. Inschriften in Dacien*, n° 658. A l'endroit où elle a été trouvée sont les salines de l'époque romaine. Büsching, géographie, II, p. 591.

2. Inscription trouvée à Veczel, publiée par Neigebaur, *Dacien*, p. 25, n° 25, et par Ackner et Müller, n° 235.

3. Inscription de Karlsburg. Neigebaur, p. 161, 269, Ackner et Müller, n° 523. Orelli-Henzen, III, 6654.

4. Inscription d'Abrudbanya. Neigebaur, p. 181, 2 ; Ackner et Müller, n° 607. Orelli, 1504.

5. L. 6. D. *de captiv.* L. 8, § 8. D. *de pœnis.* Tertull. Apolog., c. 39. Un argument contre l'idée que le *collegium salinariorum* désignerait une société d'ouvriers des salines, est cette circonstance que l'on faisait travailler précisément dans les salines de Dacie les chrétiens condamnés pour avoir formé des *collegia illicita.* Francke, *Trajan u. seine Genossen*, p. 175. 2e partie.

de l'État et avaient coutume d'étre affermées. Elles ont été organisées pour la première fois par Trajan. On doit conclure de cette dernière inscription que dans la première ce qu'on désigne par *collegium salinariorum* est bien une association de publicains.

Enfin la quatrième inscription parle d'un *collegium aurariorum*. Il existait en Dacie, où l'État était propriétaire de mines d'or, un *procurator aurariarum* [1]. Les *leguli aurariarum* [2] étaient donc les fermiers de ces mines, et ce qu'on appelait *collegia aurariorum* l'association de ces fermiers.

Il faut déterminer maintenant avec le plus d'exactitude possible la nature des *collegia publicanorum*. Il doit suffire pour cela de les caractériser de la même manière que les autres collèges : ils ne poursuivaient point un profit pécuniaire, c'étaient des sociétés de secours mutuels. Mais quel rapport y avait-il entre les *societates vectigalium publicorum* et les *collegia publicanorum?* On peut supposer ou bien que les membres de chaque société ont formé un *collegium*, ou bien que, sans limites et sans rapport direct avec l'organisation des sociétés, les membres des différentes sociétés fermières avaient formé entre eux des associations. Cette seconde hypothèse doit être préférée quand on considère le petit nombre des membres des sociétés *vectigalium*, au moins de certaines d'entre elles. On ne comprendrait pas l'utilité de collèges composés de deux ou de quelques personnes. Cette opinion n'est certainement pas en contradiction avec les termes de Gaïus *sociis permissum est habere;* par *socii* on désigne d'une manière générale les individus associés à la ferme, et non les membres de telle ou telle société. On devrait même admettre que les fermiers du *vectigal* qui n'appartenaient pas à une société pouvaient faire partie de la corporation. L'expression *socii* s'explique par l'habitude qu'on avait de voir la ferme des *vectigalia* aux mains des sociétés.

1. Sur les fonctions du *procurator* V. Marquardt, *Haudbuch der rom. Alterthumer*, III, 2, p. 201, 203 ; sur son existence en Dacie, Ackner et Müller, *Index*, p. 215, IX. Les *auraria* ou *aurifodinæ* étaient d'ailleurs en règle générale la propriété du fisc. Strabon, III, p. 148 ; Tacite, *Annal.* VI, c. 19.

2. Comp. l'inscription d'Abrudbanya, Neigebaur, p. 183, 6, Ackner et Müller, nº 613, époque de l'empereur Lucius Verus.

CHAPITRE IV

§ 1. — *Puissance et exactions des publicains*

Les Publicains jouirent de l'autorité et de la considération que confère la puissance de la richesse. Ces fermiers de l'impôt, croissant tous les jours en nombre et en opulence, avaient fini par constituer dans l'État une classe redoutable, une vraie *ploutocratie*. Leur crédit était si considérable que quiconque voulait s'élever dans la République devait prendre les plus grandes précautions pour mettre les publicains dans son parti. Cicéron s'applaudit en mainte occasion de l'affection [1] que les Publicains lui portaient. Il dit en parlant de lui-même : *Publicanis in oculis sumus* [2]. Ailleurs [3] il recommande fortement à Lentulus de ne point blesser cet ordre en quoi que ce soit, mais de chercher plutôt à s'en rapprocher et à se le rendre favorable. Et, comme les corps et les collèges avaient coutume de se choisir un patron parmi les principaux personnages de la République, nous voyons Cicéron dire dans une de ses lettres qu'il avait *in sua fide* toute la société *scripturæ* [4].

1. Cic., *ad famil.*, lit. 9, *in fine*.
2. Id. *ad Attic.*, l. VI, cp. 2.
3. Id. *pro domo*. 74.
4. Cic. *ad famil.*, liv. XIII, ep. 65.

César les flatta au point de leur sacrifier les intérêts de l'État. La compagnie qui avait affermé les impôts de la province d'Asie avait, dans la chaleur des enchères, porté le prix du bail bien au-delà du produit des impôts de cette province qui venait d'être ravagée par Mithridate. Elle demanda au Sénat une remise sur le prix du bail. Au fond cette demande n'avait rien que de juste, et qui ne fût conforme à l'ancien usage. Le sénat avait souvent accordé des remises en pareille circonstance; c'était même une des clauses ordinaires de la loi censorienne que, si quelque événement empêchait les Publicains de jouir, ils devaient être dédommagés : c'est ce que Cicéron, dans sa harangue *de Provinc. Consul.*, appelle *tegi lege censoria*. Cependant Caton s'éleva contre cette proposition et, pour la faire rejeter, déploya toutes les ressources de son éloquence. Mais César, plus habile, fit si bien qu'on accorda à cette société la remise d'un tiers sur le prix du bail : *Si nihil impetrassent*, dit Suetone, *plane a senatu alienarentur* [1]. Cicéron, quoique ami de Caton, ne peut s'empêcher, dans une de ses lettres, de blâmer le zèle imprudent de ce préteur qui eût dû préférer le salut et le repos de l'État aux intérêts du fisc.

Un parti aussi puissant était presque assuré de l'impunité pour ses exactions. Les gouverneurs des provinces étaient impuissants à les réprimer, et craignaient la vengeance des publicains. Il en était ainsi surtout depuis que Caïus Gracchus avait introduit l'ordre équestre dans les *quæstiones perpetuæ*. On associa alors à l'administration de la justice les principaux actionnaires des grandes compagnies fermières. C'était devant ce tribunal que comparaissaient les gouverneurs de province, dont l'honneur était à la merci des banquiers et des traitants, qu'ils avaient mission de contrôler. Malheur à ceux qui ne fermaient pas les yeux sur leurs rapines! C'était pour les chevaliers une règle invariable que celui qui faisait mine de toucher à un publicain, devait être inexorablement frappé [2]. La probité devenait un crime.

---

1. Suétone. *Cæsar*, c. XX.
2. Cicér. *In Verr.* III, 41. *Retinebatur hoc tum, nescio quomodo, quasi communi*

Quintus Mucius Scevola, grand pontife, consul en l'an 659 de Rome,
le premier jurisconsulte et l'un des personnages les plus remarquables de son temps, avait été préteur en Asie (vers 656), la province
la plus riche et la plus maltraitée peut-être. Là, avec le concours de.
son ami, plus âgé que lui, le consulaire Publius Rutilius Rufus, offi-
cier, juriste et historien distingué, il avait frappé un grand coup, un
coup exemplaire et terrifiant. Sans distinguer entre les Italiotes et
les provinciaux, entre les grands et les petits, il avait accueilli toutes
les plaintes, forcé les marchands et les publicains romains à rendre
gorge en cas d'exactions prouvées. Certains de leurs agents les plus
importants ou les plus impitoyables, avaient-ils été convaincus d'un
crime capital? sourd à toutes les œuvres corruptives, il les avait fait,
très-justement, mettre en croix. Le Sénat l'approuva et après lui
enjoignit aux gouverneurs d'Asie d'avoir à suivre pour règles les
maximes d'administration de Scévola. Mais les chevaliers n'osant pas
s'en prendre à un si haut et si puissant personnage, n'en traînèrent
pas moins ses compagnons au jugement. Dès 662, ils accusèrent le
premier d'entre eux, son légat Publius Rutilius, défendu par ses
seuls services et sa probité notoire, mais qui n'avait point derrière
lui le cortège d'une noble famille. L'accusation portait qu'il s'était,
lui aussi, rendu coupable d'exactions en Asie. Elle croulait sous le
ridicule, surtout passant par la bouche de son abject auteur, un
Apicius. On n'en saisit pas moins avec ardeur cette occasion de
venger les publicains, qui étaient à la fois, dans cette cause, accusa-
teurs, témoins et juges. Rutilius, dédaignant les habiletés de la fausse
éloquence, se défendit en quelques mots brefs, simples, nets, refu-
sant de s'abaisser devant les rois de la finance. Malgré Mucius Scévola, malgré Cassius et Antoine, malgré tout ce qu'il y avait encore
de citoyens honnêtes, il fut condamné, et sa mince fortune confisquée satisfit à des indemnités indûment réclamées. On le vit après
la sentence s'en aller dans la province qu'on avait dite victime de

---

*consilio ab illis diligenter, ut, qui unum equitem romanum contumelia dignum pu-
tasset, ab universo ordine malo dignum judicaretur.*

ses déprédations. Là, reçu dans toutes les villes qui lui décernaient force honneurs et ambassades, fêté, aimé de tous, il passa le reste de ses jours au sein des loisirs littéraires [1].

A peine Rutilius a-t-il quitté Rome que le plus considérable des aristocrates, le prince du Sénat depuis vingt années, le septuagénaire Marcus Scaurus est appelé à son tour en justice pour fait de concussion. « La fonction d'accusateur commence à devenir un métier entre les mains des pires compagnons : ni la pureté de la vie, ni le rang, ni l'âge, ne protègent désormais contre les agressions les plus éhontées et les plus dangereuses. Instituée pour la sécurité et la défense des provinciaux, la commission des concussions s'est changée en fléau; le voleur le plus notoire a l'impunité, pourvu qu'il laisse faire ceux qui volent à côté de lui, ou qu'il fasse arriver aux jurés une partie des sommes par lui extorquées. Mais qu'un citoyen s'essaie à prêter l'oreille à la plainte, à faire droit et justice aux malheureux provinciaux, la sentence de condamnation est suspendue sur sa tête [2]. »

Le plus souvent, les gouverneurs et les publicains s'accordaient pour associer leurs violences. L'aristocratie romaine fit du pillage des provinces son patrimoine. C'est là qu'on allait rétablir les fortunes compromises dans le grand encan des élections populaires. Le nom de Verrès résume tout [3].

Un fait donne la mesure du tort subi par l'état à la suite de ces abus. En 587 de Rome (167 avant J.-C.) le sénat vota l'abandon des mines de Macédoine tombées dans le domaine de la République, parce que de deux choses l'une, ou les concessionnaires pilleraient

---

1. Diodore, XXXVII, 5, Val. Max. VI, 44, Vell. Pat. II, 13.
2. Mommsen, ib., liv. IV, ch. 6, tome V, p. 186.
3. V. l'accord entre Verrès et les fermiers de la douane et de la dîme, dans les *Verrines. In Verr.*, II, 70, 75. — Quand Cicéron prit possession de son gouvernement de Cilicie, qu'Appius venait de quitter, il ne trouva que populations éplorées et gémissantes ; « on eût dit qu'une bête féroce, non un homme avait passé par là. » Cependant de cette province ruinée, abîmée à ne s'en relever jamais, il sut tirer lui-même en douze mois, *salvis legibus*, deux millions deux cent mille sesterces. V. *ep. famil.* V. 20. Dans cette lettre il est question de complaisances que nous appellerions aujourd'hui d'un autre nom. Cependant Cicéron avait pris pour modèle l'intègre Mucius Scevola.

les sujets ou ils voleraient le trésor : *ubi publicanus est*, disait-on un
siècle avant Verrés, *ibi aut jus publicum vanum, aut libertatem sociis
nullam esse* [1]. Certificat naïf d'indigence morale que les magistrats
contrôleurs des finances en étaient venus dès cette époque à se
décerner eux-mêmes. Au regard de la République la conscience
des Romains, partout ailleurs si anxieuse, affectait les plus faciles
principes économiques. « Qui vole un citoyen, disait Caton, va
« finir ses jours dans les chaînes, qui vole la République les finit
« dans l'or et dans la pourpre. »

Cicéron lui-même, l'ami des publicains, disait : « Si on ne leur
« résiste, il faudra voir périr sans ressources non-seulement ceux
« dont le salut, mais ceux dont les moindres intérêts sont confiés à
« nos soins. » Plutarque raconte que, pour satisfaire à leurs exigences, les pères étaient obligés de vendre leurs enfants ; les villes,
les offrandes consacrées à leurs temples, leurs tableaux et leurs
statues.

Il est curieux de voir les publicains faisant servir à leurs intérêts
les idées nouvelles, et niant, au nom des doctrines d'Evhémère la
divinité des dieux, pour se donner le droit de lever l'impôt sur les
terres consacrées. Un prêtre d'Amphiaraüs réclamait l'immunité :
« Paye, dit le publicain, ton Dieu n'est qu'un homme [2]. »

Il semblait que sous l'empire ces exactions aient dû cesser. Les
publicains avaient perdu leur toute-puissance, avec leurs plus beaux
fleurons. Le contrôle du pouvoir central était plus vigilant et plus
sévère. L'intérêt y poussait les empereurs : « Un berger intelligent,
disait Tibère, tond le troupeau sans l'écorcher. » Cependant il
y eut encore bien des abus, malgré les efforts de Trajan et des
Antonins [3]. Par hasard il se rencontra un publicain modéré, tel fut

---

1. T. Liv. XLV, 18.
2. Cic. *de natur. Deor.* III, 19 : *Negabant immortales esse ullos qui aliquando
homines fuissent.*
3. Voy. le panégyrique de Pline, et Burmann, *de Vectigal.*, *passim.* — En Judée, les
percepteurs de l'impôt n'étaient nommés « qu'en compagnie des assassins, des voleurs de
grand chemin et des gens de vie infâme. » Mathieu, V, 46 et 47. — IX, 10 et 11. —

le père de Vespasien. Les villes d'Asie lui élevèrent une statue avec cette inscription : καλως τηλωσαντι, *au publicain honnéte !*

§ 2. — *Édit des Publicains.*

Il ne faudrait pas croire qu'en présence de ces exactions, la législation fût demeurée imprévoyante. Le prêteur, toujours mû par l'équité, avait cherché à réprimer les exactions des publicains par des moyens sévères. « Il n'est personne qui ignore quelle est l'impudence et l'avidité des traitants, dit Ulpien dans son commentaire, c'est pourquoi le prêteur a rendu cet édit pour réprimer leur audace **1**. »

I. — On a tenté de restituer, d'après les monuments du droit romain qui nous sont parvenus, cet édit tel qu'il figurait dans l'*Edictum perpetuum* de Julien. On s'est efforcé de réunir et de coordonner les passages de Gaïns, de Paul, d'Ulpien rapportés par Justinien dans le titre *de publicanis et vectigalibus et commissis* (Liv. XXXIX. Tit. IV au Digeste), et de découvrir le système général de l'édit. Malheureusement ces fragments sont décousus, incomplets; enfin Justinien s'est permis souvent de modifier les termes mêmes de l'édit qu'il rapportait **2**.

II. — M. Max Cohn, dans le travail cité plus haut, établit que Justinien a fondu deux édits sur les publicains en un seul, après avoir rendu cette fusion possible par divers changements **3**.

Justinien débute par cette citation qu'il prétend empruntée au livre 55 du commentaire d'Ulpien :

1. Ulpianius, lib. 55 *ad edictum. Prætor ait : Quod publicanus ejus publicani nomine vi ademerit quodve familia publicanorum, si id resti-*

___

XI, 19, — XVIII, 17; Marc, II. 15, 16 ; Luc, V, 30. — VII, 34. — XV, 1. — XVIII, 11. — XIX, 7.

1. L. 12. pr. D. *De public. Quantæ audaciæ, quantæ temeritatis sint publicanorum factiones nemo est qui nesciat ; idcirco prætor ad compescendam eorum audaciam hoc edictum proposuit.*

2. Rudoiff. *Edicti perpetui quæ reliqua sunt.*

3. *Zum Römischen Vereinsrecht.* Anhang, VIII. *Ueber das publikanen edict.,* p. 186 et suiv. — Nous reproduisons, dans les pages qui suivent, le système de M. Cohn.

tulum non erit, in duplum, aut, si post annum agetur, in simplum judicium dabo. Item si damnum injuria furtumve factum esse dicetur, judicium dabo. Si id ad quos ea res pertinebit non exhibebitur, in dominos sine noxæ deditione judicium dabo.

Suivant l'interprétation généralement admise, ce passage a trait aux actes illégaux, aux rapines et aux excès commis par les publicains et ceux qui étaient sous leurs ordres ; il porte que dans certains cas l'action a un caractère arbitraire, qu'elle est au double la première année, simple ensuite, et dirigée contre les publicains, même à raison des faits commis par leurs esclaves, en ce sens qu'en certains cas ceux-ci répondent de leurs esclaves sans le droit de *noxœ datio.*

Or ce passage est fait de deux édits ; le premier : *de vi publicanorum :*

Quod publicanus vel familia ejus publicani nomine vi ademerit, si id restitutum non erit, in duplum aut vi post annum agetur, in simplum judicium dabo.

Le second : *de furtis familiæ publicanorum :*

Quod familia publicanorum furtum fecisse dicetur, item si daminum injuria fecerit et ii ad quos ea res pertinet non exhibentur, in dominum sine noxœ deditione judicium dabo.

III. — Il est certain en premier lieu, que le texte fourni par Justinien n'est pas la reproduction exacte de l'édit de Julien. La deuxième phrase de la loi 1, pr., rapportée comme se trouvant dans Ulpien au liv. 55, est attribuée plus loin (loi 12, hoc tit.) au liv. 38 de son commentaire sur l'édit, et reproduite avec quelques divergences, mais certainement encore dans son identité [1] :

Quod familia publicanorum furtum fecisse dicetur, item si damnum injuria fecerit et id ad quos ea res pertinet non exhibetur, in dominum sine noxæ deditionis judicium dabo.

Cet édit, où il est question manifestement du *furtum,* est à sa véri-

---

1. L. 12, *hoc. lit.* Ulpianus, lib. 38 *ad edictum.*

table place dans le livre 38. Son existence à cet endroit nous est
d'ailleurs rapportée expressément [1]. Il peut en être question encore
dans le titre voisin où l'on traite des vols commis par la *familia* en
général [2]. Mais on ne peut admettre que Julien ait traité de l'édit
de furtis publicanorum en deux places différentes; et l'on est conduit à cette conséquence que l'édit *de furtis publicanorum* rapporté
au livre 38 n'est pas compris dans le chapitre de l'édit de Julien qui
est commenté par Ulpien dans le livre 55. L'idée que Julien a rapporté en deux places différentes l'édit *de furtis publicanorum* devrait
être écartée, lors même qu'il serait prouvé que la partie de l'édit
commentée par Ulpien dans son livre 55 était un chapitre général
sur les publicains et les impôts [3], réunissant les différentes règles
qui s'y rapportent, comme on l'a fait plus tard dans les Pandectes.
Mais l'existence dans l'édit d'un titre *de publicanis* n'a jamais été
démontrée [4]; dans le commentaire de Gaïus sur l'*edictum prætoris
urbani* se trouve, il est vrai, un titre *de publicanis*, où il est question
au moins d'une partie de l'édit *de vi* rapporté par Justinien [5], mais
il serait téméraire de conclure de cette division du livre de Gaïus à
une division correspondante de l'édit, tant que nous ne serons pas
suffisamment édifiés sur le plan de cette œuvre [6].

1. L. 195, § 3. D. de verb. sign. : *Servitutium quoque solemus appellare familias,
ut in edicto prætoris ostendimus sub titulo de furtis ubi prætor loquitur de familia
publicanorum.* On ne peut comprendre par là que l'Edit *de furtis publicanorum.*

2. Rudorff. Edit. p. 138.

3. Telle est l'opinion de Rudorff (op. cit., p. 167) qui veut retrouver dans l'Edit de
Julien, au passage commenté, la trace d'une section générale qu'il nomme *de publicanis
et vectigalibus et commissis,* quoique cette combinaison apparaisse certainement pour la
première fois dans les Pandectes.

4. On ne peut regarder comme démonstratifs en ce sens, ces mots de la L. 1. § 1 :
Hic titulus ad Publicanos pertinet; car lors même qu'il faudrait entendre véritable-
ment par le mot *titulus,* une section de l'Edit et non une division du Livre, ces mots
signifient simplement que cette partie de l'Edit s'occupe des Publicains. On n'est point
d'ailleurs arrivé jusqu'à présent, malgré les travaux de Rudorff, à s'éclairer suffisamment
sur la forme extérieure de l'Edit et sur les expressions techniques.

5. L. 5 hoc tit. Gaïus, *ad Edictum prætoris urbani, titulo de Publicanis.* —
V. aussi L. 19. D. de act. empti vend.

6. Pour les différentes opinions sur le sens du commentaire de l'Edit Urbain par
Gaïus, v. Huschke, *Jurisp. antej.,* 2. édit., p. 89. — Mommsen Jahrb. d. g. d. R. II,
p. 322.

La compilation de Justinien n'a rien de commun avec la rédaction de Julien. On peut affirmer que la confusion des deux édits a été imaginée pour la première fois par Justinien et non par les commentateurs. Il n'y en a point de traces dans Paul ni dans Gaïus, autant qu'il est permis d'en juger par les quelques passages de leurs commentaires qui ont été conservés ; elle est démentie formellement par les citations d'Ulpien montrant qu'il a rapporté les deux édits en deux endroits différents. Si cet auteur avait entendu réunir ces deux édits dans le livre 55, la répétition ne s'en trouverait pas certainement dans le livre 38. Si d'un autre côté il n'avait voulu faire, dans le premier de ces deux livres, qu'une simple citation, il serait impossible d'expliquer les variantes, si insignifiantes qu'elles soient, existant entre les deux textes.

IV. — Ce qui confirme l'opinion que les deux édits étaient primitivement distincts, c'est leur positive diversité. Il est difficile de voir quelque chose de plus différent que les deux parties de l'édit rapporté par Justinien. Certainement il faut prendre pour terme de comparaison non pas la rédaction de Justinien, d'après le livre 55, mais le texte du livre 33, qui, se trouvant *in sede materiæ*, doit naturellement avoir la préférence. Nous voyons alors que d'un côté le fait qui donne naissance à l'action est la violence (*vis*), de l'autre le *furtum* et le *damnum ;* dans le premier cas l'auteur de l'acte coupable est le publicain ou un de ceux qui lui appartiennent, dans le second cas ces derniers seulement ; l'action résultant de la violence est en un certain sens arbitraire [1], et donnée au double, *pœnalis rei persecutoria mixta* [2]; l'autre simplement pénale pour le cas de *furtum*, mixte en cas de *damnum*, emportant une peine dont le taux est fixé d'après les règles ordinaires sur le *damnum* et le *furtum ;* enfin sans caractère arbitraire. Nous pouvons laisser en suspens pour le moment la ques-

1. V. L. 1 § 4. L. 5. *pr.* hoc tit.
2. L. 5 § 1. hoc tit. *Quærentibus autem nobis, utrum duplum totum pœna sit, et præterea rei sit persecutio ; an in duplo sit et rei persecutio, ut pœna simpli sit : magis placuit ut res in duplo sit.*

tion de savoir si l'action résultant de la violence était ou non noxale [1]; l'action née du *furtum* et du *damnum* est certainement noxale, toutefois avec cette particularité qu'en cas de refus d'exhibition le droit de *noxæ datio* est perdu [2].

V. — L'idée d'une confusion des deux édits par Justimien, s'affermit absolument par l'étude approfondie des termes de l'édit dans la forme donnée par Justinien à la citation du livre 55. La citation faite renferme deux interpolations évidentes; l'une dans les mots : *ejus publicani nomine* ; l'autre dans cette phrase : *si id non exhibebitur*.

Examinons d'abord la première. On doit reconnaître d'abord que la leçon florentine ne donne aucun sens [3]. On adopte généralement,

---

1. V. ci-dessous, p. 80.

2. L. 1 § 6. hoc tit. *Quod novissime prætor ait : si hi non exhibebuntur, in dominos sine noxæ deditione judicium dabo, hoc proprium est hujus edicti : quod si non exhibeantur servi, competit judicium sine noxæ deditione, sive habeant eos in potestate, sive non : sive possint exhibere, sive non possint.*

3. *Quod publicanus, ejus publicani nomine, vi ademerit*..... Bouchaud, dans un *Mémoire sur les Sociétés que formaient les Publicains pour la levée des impôts* (Académie des Inscript. et Belles-Lett. 1774. T. XXXVII, p. 241) a exposé au complet les controverses auxquelles a donné lieu cette leçon. Certains commentateurs expliquaient ces mots : *ejus publicani nomine*, en disant que *publicanus* et *publicum* sont synonymes ; ils invoquaient à l'appui de cette opinion, un passage de Valère Maxime (Lib. VI. C. 9. N° 7) qui, parlant de T. Ausidius, intéressé pour une faible part dans les impôts de la province d'Asie, s'exprime ainsi : *T. Ausidius cum Asiatici publicani exiguam admodum particulam habuisset, postea totam Asiam proconsulari imperio obtinuit. Vectigal* et *publicum* étant pris souvent l'un pour l'autre (v. ci-dessus, p. 3), on devait lire : *ejus vectigalis nomine.* Mais on a reconnu que le passage de Valère Maxime était corrompu ; la version vraie est *Asiatici publici particulam*, et l'on ne trouve dans aucun autre écrivain de l'antiquité *publicanum* pris dans le même sens que *publicum*. C'est en vain qu'on invoque en ce sens un passage de Cicéron, tiré du XIIe Liv. de ses Lettres (ad Attic. ep. 38) où quelques-uns lisent : *Nam ille locus publicanus qui est Tribonii et Cusinei erat ad me allatus*, etc. Premièrement, cette leçon est rejetée par le plus grand nombre des commentateurs. La leçon qui porte *locus publicatus,* c'est-à-dire *publici venalis propositus,* un terrain mis publiquement en vente, est la plus suivie, c'est celle que l'abbé d'Olivet a adoptée dans son édition. D'autres portent *locus publicianus,* ce qui peut indiquer que ce terrain était situé près de la voie publicienne. En second lieu, même en retenant la leçon qui porte *locus publicanus,* et en supposant que c'est comme s'il y avait *locus vectigalis,* on n'en peut pas conclure que le mot *publicanum* isolé soit mis pour *vectigal,* comme il arrive souvent au mot *publicum,* qui, dans cent endroits, n'a pas d'autre signification. Lorsqu'on se sert du mot *publicum* on sous-entend le mot *vectigal,* qu'il est d'autant plus aisé de sous-entendre qu'on trouve les deux mots *publicum vectigal* réunis dans Cicéron (*In Verrem,* lib. III, n° 38), dans la L. 1. D. *Quod cujuscunque universitatis nomine;* dans la L. 3 § 6. D. *de Jure fisci;* dans la L. 2. § 16 *de hæreditate vendita,* tandis

comme étant en concordance apparente avec les Basiliques, la version :
ejus publici nomine. Mais le mot *ejus* reste incompréhensible. Pour
rétablir la vraie leçon il faut suivre le procédé que Mommsen, dans
son édition des Pandectes, a imaginé avec grand succès. Il faut
regarder ces mots de la florentine comme une phrase qui, soit sur
le manuscrit authentique de Florence, soit même auparavant, a été
changée de place, sans doute, parce qu'oubliée d'abord, transcrite

que l'expression *vectigal publicanum* ne se trouve nulle part dans les écrits des anciens.
Cette prétendue signification du mot *publicanum* une fois écartée, Bouchaud ne balance
pas à suivre la correction de Cujas, qui lit ainsi le commencement de la L. 1. D. *de
publ.* : *Quod publicanus ejus publici nomine vi ademerit...* se fondant sur ce que les
basiliques (Liv. XIV. T. I. C. 1) traduisent le *publicani nomine* de la leçon florentine par ces mots grecs ὀνόματι τῷ τέλως, *nomine vectigalis.* La manière dont Grono-
vius rétablit le texte, est également simple. Ce savant, dans ses observations, prétend
qu'il faut lire *quod publicanus, quidve publicani nomine vi ademerit*, ce qui présente
un sens tout naturel et ce qui ne souffre aucune difficulté. Cette leçon est assez conforme à celle de Blanblomme, qui, dans son édition du corps de droit de 1522, a mis
tout uniment : *quod publicanus seu alius publicani nomine...* leçon que Robert Etienne
et plusieurs autres ont suivie, et qui ne diffère presque pas de celle de l'édition d'Haloan-
der qui met : *quod publicanus seu quis publicani nomine.* Parmi ceux qui défendent la
leçon florentine et qui veulent que la signification du mot *publicani* soit précisément la
même que celle du mot *publici*, il s'en trouve néanmoins qui, renonçant pour un moment
à leur système, expliquent ou corrigent la leçon florentine d'une manière assez plau-
sible ; il faut ranger dans cette classe Bynkersboeck, qui soutient que, dans ce texte, on
peut à la rigueur entendre par le mot *publicanus* le publicain subalterne, préposé à la
levée des impôts, le *manceps.* Tel sera donc, d'après Bynkershoeck, le sens de ces
paroles du préteur : *ce que le préposé aura enlevé de force au nom du publicain pour
lequel il perçoit l'impôt,* etc. Si l'on ne trouve pas cette explication satisfaisante,
Bynkershoeck propose de corriger ces deux mots du texte *ejus publicani nomine* par
ceux-ci : *ejus publicarii nomine,* ce qui fait un très-léger changement. Ce commen-
tateur hasarde cette correction d'après les gloses, qui souvent emploient le mot *publicarium* pour rendre le mot latin *vectigal* ou le mot grec τέλος. On trouve dans les gloses
de Cyrille, *publicarium* δημόσιον τελώνιον; et de même dans quelques autres gloses
grecques et latines, δημόσιον τελώνιον *publicarium.* Enfin la version d'Accurce, conforme à un manuscrit que Bynkersboeck nous dit avoir entre les mains, est : *Quod
publicanus, ejusve familia, seu quis publicani nomine vi ademerit, quodve familia
publicanorum,* etc. Mais Hugolin, ancien glossateur, combat cette leçon, parce que
l'*ejus familia* se trouve répété deux fois dans la phrase pour dire précisément la même
chose. Il peut se faire néanmoins que la version des Basiliques ait donné lieu à cette
leçon. Voici de quelle manière les Basiliques ont traduit cet endroit : ἐὰν τελώνης ἤ ἡ
φαμιλία αὐτὼ ὀνόματι τῷ τέλως ἀφέλωνται τι, ce qui répond à ces mots latins : *Si publicanus ejusve familia vectigalis nomine quid ademeverint,* etc. Mais il est à remarquer
que les Basiliques n'ont traduit ces paroles du préteur ui forment le commencement de
la loi que par extrait, et qu'ils ne répètent point plus bas le *familia publicanorum.* —
Toutes ces difficultés, qui disparaissent devant l'explication très-simple de M. Max
Cohn, semblent bien être, comme il le prétend, le résultat d'une interpolation.

ensuite en marge, elle n'a pas été placée par le copiste, sur la ligne où elle devait figurer. Elle se trouvait placée sans doute après les mots *familia* (*publicanorum*). Le sens serait alors : les vols commis soit par un publicain, soit par l'un de ses agents sur son ordre.

La deuxième interpolation est dans les mots : *si id ad quos ea res pertinet non exhibebitur*. Indubitablement il faut lire ici *si ii non exhibebuntur*, lors même que la florentine ne se serait pas servie déjà de ces mots dans le commentaire [1]. Cette correction a d'ailleurs peu d'importance.

VI. — Les interpolations disparues, le texte de Justinien ne devient pas encore satisfaisant. On est frappé des altérations qu'a subies dans la Loi 1 la rédaction de l'Edit rapportée dans la loi 12. La phrase *item si furtum... dabo* est construite avec une incorrection, à laquelle aucun préteur ne se serait laissé aller; on ne saisit point quel est l'auteur du *furtum* ou du *damnum*. Est-ce le *publicanus* on la *familia*?

Cette dernière assurément; mais il faut, pour le comprendre, lire la phrase finale. On croirait, d'après la tournure de phrase de Justinien, que la peine du *furtum* et du *damnum* est *in duplum* ou *in simplum*, suivant que l'action est intentée dans l'année ou non, idée que rien dans le texte authentique du livre 38 ne vient appuyer, et qui n'était pas sans doute dans la pensée du rédacteur [2]. Que signifie encore le mot *dominos* mis pour *dominum*, l'interversion du *furtum* et du *damnum*, enfin cette étrange coïncidence de la même interpolation *si id non exhibetur*, dans le livre 55 comme dans le livre 38 [3]. La meilleure manière de résoudre ces difficultés est de supposer que les compilateurs ont transporté l'édit *de furtis et de*

---

1. L. 1 § 6, hoc. tit.

2. Suivant les règles ordinaires, l'action *furti nec manifesti* est au double ; l'action *furti concepti* et l'action *furti oblati*, au triple; l'action *furti manifesti*, au quadruple. — L'action de la loi *Aquilia* est donnée au simple, quand l'existence du *damnum injuriâ datum* n'est pas nié, et qu'il y a seulement difficulté sur le chiffre; au double, si le coupable nie : *inficiatione duplicatur, in conficientem autem in simplum datur* (Instit. § 26. *De action.*)

3. Toutefois, dans le livre 38, on emploie le présent : *si id non exhibetur*.

damno familiæ publicanorum dans l'édit *de vi*, et que, dans le but de donner à leur œuvre l'apparence de l'ancienneté et de la vérité, ils ont accommodé les deux parties en une seule. Quels changements ont été opérés dans l'édit *de vi?* On ne peut le démontrer directement; mais il ne doit pas être resté intact. L'original ne contenait sans doute pas cet abus du mot publicain *(publicanus, publicani nomine, familia publicanorum)* qui résulte de la réunion des deux phrases initiales de chaque Edit. Les transformations qu'a subies l'Edit *de furtis* s'expliquent simplement : comme il fallait établir un lien entre cet Edit et l'Edit *de vi*, et qu'il ne convenait pas à la recherche d'élégance de Justinien, de répéter le sujet de la première phrase *(familia publicani)*, on a changé la construction de la phrase, et on a supprimé le sujet. Il fallait empêcher cependant qu'on attribuât à cette seconde phrase les deux sujets de la première *(publicanus* et *familia publicanorum); * puisqu'en cas de *furtum*, il ne s'agit que de la *familia*. Alors on a, dans la première phrase, remplacé le passage *quod publicanus vel familia ademerat* par la tournure actuelle, dont le but est d'éloigner du premier des sujets *(publicanus)* le second *(familia publicanorum)*. A vrai dire, l'opération a médiocrement réussi; car le lecteur, lorsqu'il n'est pas prévenu, conçoit la pensée que l'édit sur le *furtum* et le *damnum* s'applique aussi aux actes commis par le publicain lui-même, ce qui est inexact. On a placé le *damnum* avant le *furtum*, sans doute pour reléguer au second plan le *furtum* et le but primitif de l'édit. Enfin la dernière modification que les rédacteurs ont fait subir à l'édit *de furtis*, est qu'apparemment ils ont fait deux phrases d'une seule. Peut-être était-il dans leur pensée d'appliquer l'interdiction de la *noxæ datio*, en cas de refus d'exhibition, même dans l'hypothèse de la violence. Si c'est là la pensée des rédacteurs, elle est erronée; on verra en effet plus loin, que l'édit *de vi* n'instituait pas d'action noxale. Aussi n'est-il pas invraisemblable que cette leçon, qui coupe l'édit en deux phrases, résulte de l'erreur d'un copiste, lequel aurait répété une fois de trop les mots *judicium dabo*. Si on les efface après : *factum esse dicitur*, on retrouve pour l'édit *de furtis*, une seule phrase comme dans la citation authentique du Liv. 38.

VII. — Il résulte de ces explications qu'il y eut deux édits et deux actions différentes pour la répression des délits commis par les publicains [1].

A. — En cas de vol commis avec violence par un publicain ou l'un de ses agents sur son ordre, l'action est donnée contre le publicain. Celui-ci répond : *suo nomine*, en raison d'un acte qui lui est personnel. Il ne peut pas éviter la peine en abandonnant l'esclave qui a agi sur son ordre. L'action n'est pas une action noxale.

L'action est arbitraire, en ce sens que le publicain peut se mettre à l'abri de la demande, en restituant volontairement la chose qu'il retient illégalement [2]. La restitution le libérera, lors même qu'elle se produirait après l'acceptation du jugement [3].

A défaut de restitution, la peine prononcée contre le publicain sera du double, si la poursuite est exercée dans l'année, ou au simple seulement si elle n'était intentée qu'après une année écoulée [4]. L'action était mixte, *pœnalis et rei persecutoria*, comprenant une unité représentant la chose, et une unité égale à titre de peine. La question de savoir si l'unité représentant la chose devait être comprise dans le *double* que le préteur autorisait à réclamer, avait fait doute, à ce que nous rapporte Gaïus : « Nous avons répondu, dit-il, à ceux qui « nous demandaient si tout le double entrait dans la peine, et si l'on « pouvait encore poursuivre la chose, ou si la poursuite de la chose « entrait dans le double, de manière que la peine ne fût que du « simple, que le mieux était de dire que la chose et la peine étaient « comprises dans le double [5]. »

---

1. Il faut dire alors que la L. 1, moins le § 6, les Lois 3, 5 et 6 appartiennent au Livre 55, le § 6 de la Loi 1, les Lois 3 et 12, appartiennent au Livre 33.

2. L. 1 § 4. *Et restituendi facultas publicano vi abreptum datur : quod si fecerit omni onere exuitur, et pœnali actione ex hac parte edicti liberatur.*

3. L. 5.

4. L. 1, pr.

5. L. 5 § 1, hoc tit.

S'il y avait eu violence de la part du publicain, l'action était au triple : *per vim vero extortum, pœna tripli restituitur* [1].

Mais si la perception exagérée était le résultat d'une erreur, il n'y avait lieu pour le publicain qu'à une restitution pure et simple [2].

Lorsque l'abus de pouvoir avait été commis par plusieurs publicains, l'action au double n'était pas donnée contre chacun d'eux, mais comme l'avait décidé un rescrit des empereurs Sévère et Antonin, la solidarité existait entre les délinquants pour le montant de la condamnation, et si l'un deux était insolvable, les autres supportaient la part lui incombant.

Enfin il faut entendre ici le mot *familia* dans un sens beaucoup plus large que son sens ordinaire. Il faut y comprendre tous ceux que le publicain emploie à la perception des impôts; fût-ce même des esclaves étrangers, ou des hommes libres. En revanche l'esclave d'un publicain qui a commis un vol avec violence, mais qui n'est pas employé à la perception des impôts publics, n'est pas compris dans les termes de l'édit [3]. En cas de mort du publicain, l'action sera donnée contre ses héritiers, mais seulement jusqu'à concurrence de son enrichissement, *quo locupletior factus sit* [4].

L'action donnée par cet édit contre le publicain en cas de sonstraction par violence est plus douce que celle du droit commun. L'action *vi bonorum raptorum* est du quadruple ; la restitution de la chose ne met pas le coupable à l'abri de la condamnation. Il y avait donc, en certains cas, un grand intérêt pour la partie lésée à se servir contre le traitant des voies ordinaires. Ulpien lui accorde ce droit : « il serait absurde, dit-il, de penser que l'édit spécial a pu « créer, au profit des publicains, une situation plus avantageuse que « celle qui leur serait faite par le droit commun [5]. »

1. L. 9, § 5, hoc tit.
2. L. 16 § ult. hoc tit. Rescrit de Sévère et d'Antonin.
3. L. 1, § 5, hoc tit.
4. L. 4, princ. Paul citant Labéon.
5. L. 1, § 4, hoc tit. *Est enim absurdum meliorem esse publicanorum causam, quam cœterorum effectam opinari.*

On pourrait se demander de quelle nécessité était une action spéciale alors que tous les faits délictueux qu'il s'agit de réprimer tom-
bent sous le coup d'actions du droit commun. Ulpien, qui se pose la
question, n'y fait pas une réponse très-précise, ni très-concluante.
« Le prêteur a pensé, dit-il, qu'il était à propos de rendre un édit
« exprès contre les publicains [1]. » Peut-être l'édit contre les publicains a-t-il été rendu avant qu'on n'eût songé à l'action *vi bonorum
raptorum* [2].

B. — Le second édit a trait au *furtum* ou au *damnum injuria datum*
dont s'est rendue coupable la famille du publicain. Mais ici le mot
familia n'a plus le sens large de l'édit *de vi publicanorum*. Il comprend
seulement les esclaves. Ulpien le fait sentir, dans la L. 12, en disant
que, par exception, on y comprendra « l'esclavage étranger qui sert
« de bonne foi un publicain, peut-être aussi celui qui le sert de
« mauvaise foi, parce qu'on emploie souvent à ce genre de travail
« des esclaves vagabonds et fugitifs. C'est ce qui fait qu'un homme
« libre qui sert comme esclave est compris dans l'édit [3]. »

Il ne peut être en effet question ici que d'esclaves, puisque l'action
est une action noxale. Le maître peut éviter de payer la peine en
abandonnant le coupable. Mais l'édit y met cette condition que l'an-
teur ou les auteurs du délit soient représentés par le maître à la
réquisition du plaignant. S'il n'obtempère pas à cette réquisition,
l'action sera donnée contre lui et il ne pourra plus se soustraire par
la *noxæ datio* à la réparation du dommage, soit qu'il les ait encore en
sa puissance ou non, qu'il puisse ou qu'il ne puisse pas les représenter [4]. La raison pour laquelle la condition du publicain est si
dure, c'est qu'il ne doit employer à la perception des impôts que des

---

1. L. 1 § 2 hoc tit. *Sed re putavit et specialiter adversus publicanos edictum
proponere.*

2. C'est ce que s'est efforcé de démontrer M. Max Cohn, p. 217 et suiv.

3. L. 12 § 2. *Familiæ autem appellatione hic servilem familiam contineri sciendum
est. Sed et si bona fide publicano alienus servus servit, æque continebitur. Fortassis et
mala fide ; plerumque enim vagi servi et fugitivi in hujusmodi operis etiam a scientibus
habentur. Ergo et si homo liber serviat, hoc edictum locum habet.*

4. L. 1, § 6, hoc tit

esclavages de bonne conduite [1]. Par conséquent soit qu'il ait vendu l'esclave, qu'il l'ait affranchi ou que cet esclave soit en fuite, il sera tenu du fait de cet esclave, pour avoir une famille si turbulente [2]. Cependant que faut-il dire si l'esclave est mort? Le publicain reste-t-il tenu de son fait? On doit, suivant Gaïns, l'absoudre, parce qu'il lui est absolument impossible de le représenter, et qu'il n'y a point de dol de sa part [3].

« Si plusieurs esclaves ont commis un *furtum* ou un *damnum*, on doit observer que leur maître sera acquitté, à condition qu'il paye autant que si ce vol et ce dommage avaient été faits par un homme libre [4]. »

Ulpien ajoute que ce qui est dit pour le maître des esclaves s'applique d'une manière générale aux membres de la société *vectigalis, licet domini non sint* [5].

Il faut encore remarquer que « cette action est perpétuelle, et donnée aux héritiers et autres successeurs [6].

Aucun taux n'est fixé par la Loi 12, dans la formule de l'édit qu'elle contient. Il faut en conclure qu'on suivait en cela les règles ordinaires :

1° Pour le *furtum* (vol) :

L'action est au quadruple en cas de flagrant délit (*furtum manifestum*); c'est-à-dire lorsque le voleur a été vu et pris tenant la chose et ne l'ayant pas encore portée là où il se propose de la mettre.

Lorsque les conditions nécessaires pour l'existence du *furtum manifestum* ne se rencontrent pas, on dit qu'il y a *furtum nec manifestum.* La peine est seulement du double.

Anciennement, quatre actions pénales pouvaient naître d'un

---

1. L. 3, id.
2. L. 13 § 2, id.
3. L. 13 § 3, id.
4. L. 3 § 3, id.
5. L. 3 § 1, hoc tit.
6. L. 13 § 4.

furtum, savoir : l'action *furti concepti*, l'action *furti oblati*, l'action *furti prohibiti* et l'action *furti non exhibiti*.

Il y a *furtum conceptum* lorsque la chose volée est cherchée et trouvée chez une personne en présence de témoins. Quoique cette personne ne soit pas le voleur, elle est tenue d'une action particulière, qu'on appelle l'action *furti concepti*.

Il y a *furtum oblatum* lorsqu'une chose volée vous a été remise (*oblata*) et qu'ensuite elle a été *concepta apud te*, recherchée et trouvée chez vous. L'idée de celui qui vous l'a remise, c'est qu'elle fût trouvée chez vous plutôt que chez lui. On vous donne alors contre lui, lors même qu'il ne serait pas le voleur, une action particulière, qu'on appelle l'action *furti oblati*.

Il y a *furtum prohibitum* lorsque vous voulez, en présence de témoins, rechercher dans la maison de Titius une chose volée et que Titius s'oppose à cette recherche. Titius est alors tenu de l'action *furti prohibiti*.

Enfin il paraît que le préteur avait établi une action *furti non exhibiti* contre la personne chez qui on cherche et on trouve un objet volé, cette personne ne l'ayant pas représentée sur la réquisition qui lui en a été faite.

Quel est le montant de la condamnation à laquelle aboutissent ces différentes actions? L'action *furti concepti* et l'action *furti oblati* sont données au triple. Quant à l'action *furti prohibiti*, elle suppose que l'homme qui se présente chez Titius pour rechercher l'objet volé procède à cette recherche dans une forme décrite par Gaïus et qualifiée par lui-même de ridicule : lorsque l'objet volé a été ainsi *per lancem liciumque conceptum*, c'est comme s'il y avait *furtum manifestum*. L'action *furti prohibiti*, donnée contre Titius, entraîne donc une condamnation au quadruple. Nous ne savons pas quel était le montant de la condamnation prononcée sur l'action *furti non exhibiti*.

L'unité qu'on multiplie par deux, trois ou quatre est égale à la plus haute valeur atteinte par la chose depuis le jour du vol [1].

---

1. M. Demangeat. *Cours de droit romain.* T. II, p. 389.

2º Pour le *damnum injuria datum* (dommage causé par dol ou imprudence) la loi Aquilia donne l'action au simple contre celui qui avoue, au double *contra inficiantem*. Le simple égale la plus haute valeur que la chose détruite ait eue dans l'année, ou dans le mois, suivant qu'il s'agit d'un esclave ou animal domestique, ou d'un animal sauvage, et mieux d'une chose inanimée.

L'action donnée à raison d'un *furtum* ou d'un *damnum* commis par la *familia publicani* est plus rigoureuse que le droit commun, en ce sens que le maître qui a refusé l'exhibition perd la faculté de se libérer par *noxæ datio*. L'édit qui l'a créée est postérieur à tous les autres. Il date sans doute de la législation impériale, plus sévère que celle de la République contre les publicains.

VIII. — Tacite nous apprend que, depuis Néron, la plainte contre le traitant était jugée *extra ordinem* par le prêteur à Rome, et dans les provinces par ceux qui *pro prætore aut consule essent* [1].

---

1. Tacite. Annal. XIII, 51. *Edixit princeps ut Romæ prætor, per provincias qui pro prætore aut consule essent, jura adversus publicanos extra ordinem redderent.* — D'après M. Burnouf, *extra ordinem* ne signifie pas qu'on jugeait les publicains sans ormules et sans *judex* (le prêteur dans son édit se sert en effet des mots *judicium dabo*), mais que les plaintes portées contre eux, auraient la priorité sur toute autre affaire et seraient jugées avant leur tour. V. Tacite, édition Naudet, p. 396, note 1.

FIN.

TABLE DES MATIÈRES.

INTRODUCTION... 1

CHAPITRE PREMIER.

OPÉRATIONS DES PUBLICAINS................... 3

I.   Impôts directs.. 4
II. Impôts indirects.. 6
III. Domaine public... 22

CHAPITRE II.

DE LA FERME DES IMPÔTS................... 26

I.   Magistrats chargés de l'adjudication........................ 26
II. Formes et conditions de l'adjudication 28
III. Qui pouvait se rendre adjudicataire..................................... 31
IV. Garanties exigées des adjudicataires........................:............................ 34
V.   Les chevaliers fermiers des impôts... 38

CHAPITRE III.

DES SOCIÉTÉS VECTIGALIUM 40

I.   Organisation intérieure des sociétés vectigalium........................... 42
II. Condition juridique des sociétés *vectigalium*........................... 48

CHAPITRE IV.

L'ÉDIT DES PUBLICAINS.

I.   Puissance et exactions des publicains..................................... 67
II. Édit des publicains... 72

Coulommiers. — Typographie Albert PONSOT et P. BRODARD.

LIBRAIRIE
GERMER BAILLIÈRE

———

CATALOGUE

DES

LIVRES DE FONDS

(N° 2)

OUVRAGES HISTORIQUES
ET PHILOSOPHIQUES

——— ˙

JANVIER 1875

———

PARIS
17, RUE DE L'ÉCOLE-DE-MÉDECINE, 17

COLLECTION HISTORIQUE DES GRANDS PHILOSOPHES

PHILOSOPHIE ANCIENNE

SOCRATE. **La philosophie de Socrate,** par M. Alf. FOUILLÉE. 2 vol. in-8. 16 fr.

PLATON. **La philosophie de Platon,** par M. Alf. FOUILLÉE. 2 vol. in-8. 16 fr.
— **Études sur la Dialectique dans Platon et dans Hegel,** par M. Paul JANET. 1 vol. in-8.......... 6 fr.

ARISTOTE (Œuvres d'). traduction de M. BARTHÉLEMY SAINT-HILAIRE.
— **Psychologie** (Opuscules) 1 v.. 10 fr.
— **Rhétorique.** 2 vol........ 16 fr.
— **Politique.** 1 vol........... 10 fr.
— **Physique.** 2 vol........... 20 fr.
— **Traité du ciel.** 1 vol....... 10 fr.
— **Météorologie.** 1 vol....... 10 fr.
— **Morale.** 3 vol........... 24 fr.
— **Poétique.** 1 vol.......... 5 fr.
— **De la production des choses.** 1 vol.................... 10 fr.
— **De la logique d'Aristote**, par M. BARTHÉLEMY SAINT-HILAIRE. 2 vol. in-8.................. 10 fr.

ÉCOLE D'ALEXANDRIE. **Histoire critique de l'École d'Alexandrie**, par M. VACHEROT. 3 vol. in-8 ..... 24 fr.
— **L'École d'Alexandrie,** par M. BARTHÉLEMY SAINT-HILAIRE. 1 vol. in-8. 6 fr.

PHILOSOPHIE MODERNE

LEIBNIZ. **Œuvres philosophiques,** avec introduction et notes par M. Paul JANET. 2 vol. in-8.......... 16 fr.

MALEBRANCHE. **La philosophie de Malebranche,** par M. OLLÉ LAPRUNE. 2 vol. in-8................. 16 fr.

VOLTAIRE. **La philosophie de Voltaire,** par M. Ern. BERSOT. 1 vol. in-12. 2 fr. 50
— **Les sciences au XVIII⁰ siècle.** Voltaire physicien, par M. Em. SAIGEY. 1 vol. in-8................ 5 fr.

RITTER. **Histoire de la Philosophie moderne,** traduit par P. Challemel-Lacour. 3 vol............. 20 fr.

PHILOSOPHIE ÉCOSSAISE

DUGALD STEWART. **Éléments de la philosophie de l'esprit humain,** traduits de l'anglais par L. PEISSE. 3 vol. in-12. 9 fr.

W. HAMILTON. **Fragments de philosophie,** traduits de l'anglais par L. PEISSE. 1 vol. in-8 .... 7 fr. 50
— **La philosophie de Hamilton,** par J. STUART MILL. 1 vol. in-8.... 10 fr.

PHILOSOPHIE ALLEMANDE

KANT. **Critique de la raison pure,** traduite par M. TISSOT, 2 vol. in-8. 16 fr.
— Même ouvrage, traduction par M. Jules BARNI. 2 vol. in-8............ 16 fr.
— **Éclaircissements sur la critique de la raison pure,** traduits par J. TISSOT. 1 vol. in-8................. 6 fr.
— **Critique du jugement,** suivie des *et du sublime,* traduite par J. BARNI. 2 vol. in-8................ 12 fr.

KANT. **Critique de la raison pratique,** précédée des *fondements de la métaphysique des mœurs,* traduite par J. BARNI. 1 vol. in-8 .... 6 fr.
— **Examen de la critique de la raison pratique,** traduit par M. J. BARNI. 1 vol. in-8 .... 6 fr.
— **Principes métaphysiques du droit,** suivis du *projet de paix perpétuelle,* traduction par M. TISSOT. 1 vol. in-8. 8 fr.
— Même ouvrage, traduction par M. Jules BARNI. 1 vol. in-8............ 8 fr.
— **Principes métaphysiques de la morale,** augmentés des *fondements de la métaphysique des mœurs,* traduction par M. TISSOT. 1 vol. in-8..... 8 fr.
— Même ouvrage, traduction par M. Jules BARNI. 1 vol. in-8.......... 8 fr.
— **La logique,** traduction par M. TISSOT. 1 vol. in-8................ 4 fr.
— **Mélanges de logique,** traduction par M. TISSOT. 1 vol. in-8......... 6 fr.
— **Prolégomènes à toute métaphysique future** qui se présentera comme science, traduction de M. TISSOT. 1 vol. in-8 .... 6 fr.
— **Anthropologie,** suivie de divers fragments relatifs aux rapports du physique et du moral de l'homme et du commerce des esprits d'un monde à l'autre, traduction par M. TISSOT. 1 vol. in-8.. 6 fr.

FICHTE. **Méthode pour arriver à la vie bienheureuse,** traduite par Francisque BOUILLIER. 1 vol. in-8 .. 8 fr.
— **Destination du savant et de l'homme de lettres,** traduite par M. NICOLAS. 1 vol. in-8 .... 3 fr.
— **Doctrines de la science.** Principes fondamentaux de la science de la connaissance, traduits par GRIMBLOT. 1 vol. in-8 .... 9 fr.

SCHELLING. **Bruno** ou du principe divin, trad. par Cl. HUSSON. 1 vol. in-8. 3 fr. 50
— **Idéalisme transcendental.** 1 vol. in-8 .... 7 fr. 50
— **Écrits philosophiques** et morceaux propres à donner une idée de son système, trad. par Ch. BENARD. 1 vol. in-8.. 9 fr.

HÉGEL. **Logique,** traduction par A. VÉRA. 2e édition. 2 vol. in-8........ 14 fr.
— **Philosophie de la nature,** traduction par A. VERA. 3 vol. in-8...... 25 fr.
— **Philosophie de l'esprit,** traduction par A. VÉRA. 2 vol. in-8...... 18 fr.
— **Esthétique.** 2 vol. in-8 traduite par M. BÉNARD................. 16 fr.
— **Introduction à la philosophie de Hégel,** par A. VÉRA. 1 v. in-8. 6 fr. 50
— **La dialectique dans Hègel et dans**

BIBLIOTHÈQUE

DE

PHILOSOPHIE CONTEMPORAINE

Volumes in-18 à 2 fr. 50 c.

Cartonnés 3 fr.

H. Taine.

LE POSITIVISME ANGLAIS, étude sur Stuart Mill. 1 vol.

L'IDÉALISME ANGLAIS, étude sur Carlyle. 1 vol.

PHILOSOPHIE DE L'ART, 2e éd. 1 v.

PHILOSOPHIE DE L'ART EN ITALIE. 1 vol.

DE L'IDÉAL DANS L'ART. 1 vol.

PHILOSOPHIE DE L'ART DANS LES PAYS-BAS. 1 vol.

PHILOSOPHIE DE L'ART EN GRÈCE. 1 vol.

Paul Janet.

LE MATÉRIALISME CONTEMPORAIN. Examen du système du docteur Büchner, 2e édit. 1 vol.

LA CRISE PHILOSOPHIQUE. Taine, Renan, Vacherot, Littré. 1 vol.

LE CERVEAU ET LA PENSÉE. 1 vol.

PHILOSOPHIE DE LA RÉVOLUTION FRANÇAISE. 1 vol.

Odysse-Barot.

PHILOSOPHIE DE L'HISTOIRE. 1 vol.

Alaux.

PHILOSOPHIE DE M. COUSIN. 1 vol.

Ad. Franck.

PHILOSOPHIE DU DROIT PÉNAL. 1 vol.

PHILOSOPHIE DU DROIT ECCLÉSIASTIQUE. 1 vol.

LA PHILOSOPHIE MYSTIQUE EN FRANCE AU XVIIIe SIECLE. 1 vol.

Charles de Rémusat.

PHILOSOPHIE RELIGIEUSE. 1 vol.

Émile Saisset.

L'AME ET LA VIE, suivi d'une étude

sur l'Esthétique franç. 1 vol.

CRITIQUE ET HISTOIRE DE LA PHILOSOPHIE (frag. et disc.). 1 vol.

Charles Lévêque.

LE SPIRITUALISME DANS L'ART. 1 vol.

LA SCIENCE DE L'INVISIBLE. Étude de psychologie et de théodicée. 1 vol.

Auguste Laugel.

LES PROBLÈMES DE LA NATURE. 1 vol.

LES PROBLÈMES DE LA VIE. 1 vol.

LES PROBLÈMES DE L'AME. 1 vol.

LA VOIX, L'OREILLE ET LA MUSIQUE. 1 vol.

L'OPTIQUE ET LES ARTS. 1 vol.

Challemel-Lacour.

LA PHILOSOPHIE INDIVIDUALISTE. 1 vol.

L. Büchner.

SCIENCE ET NATURE, trad. de l'allem. par Aug. Delondre. 2 vol.

Albert Lemoine.

LE VITALISME ET L'ANIMISME DE STAHL. 1 vol.

DE LA PHYSIONOMIE ET DE LA PAROLE. 1 vol.

Milsand.

L'ESTHÉTIQUE ANGLAISE, étude sur John Ruskin. 1 vol.

A. Véra.

ESSAIS DE PHILOS. HÉGÉLIENNE. 1 v.

Beaussire.

ANTÉCÉDENTS DE L'HÉGÉLIANISME DANS LA PHILOS. FRANÇ. 1 vol.

Bost.

LE PROTESTANTISME LIBÉRAL. 1 v.

Francisque Bouillier.
DU PLAISIR ET DE LA DOULEUR. 1 v.
DE LA CONSCIENCE. 1 vol.
Ed. Auber.
PHILOSOPHIE DE LA MÉDECINE. 1 vol.
Leblais.
MATÉRIALISME ET SPIRITUALISME,
précédé d'une Préface par
M. E. Littré. 1 vol.
Ad. Garnier.
DE LA MORALE DANS L'ANTIQUITÉ,
précédé d'une Introduction par
M. Prévost-Paradol. 1 vol.
Schœbel.
PHILOSOPHIE DE LA RAISON PURE.
1 vol.
Beauquier.
PHILOSOPH. DE LA MUSIQUE. 1 vol.
Tissandier.
DES SCIENCES OCCULTES ET DU
SPIRITISME. 1 vol.
J. Moleschott.
LA CIRCULATION DE LA VIE. Lettres
sur la physiologie, en réponse
aux Lettres sur la chimie de
Liebig, trad. de l'allem. 2 vol.
Ath. Coquerel fils.
ORIGINES ET TRANSFORMATIONS DU
CHRISTIANISME. 1 vol.
LA CONSCIENCE ET LA FOI. 1 vol.
HISTOIRE DU CREDO. 1 vol.
Jules Levallois.
DÉISME ET CHRISTIANISME. 1 vol.
Camille Selden.
LA MUSIQUE EN ALLEMAGNE. Étude
sur Mendelssohn. 1 vol.
Fontanès.
LE CHRISTIANISME MODERNE. Étude
sur Lessing. 1 vol.
Saigey.
LA PHYSIQUE MODERNE. 1 vol.
Mariano.
LA PHILOSOPHIE CONTEMPORAINE
EN ITALIE. 1 vol.
Letourneau.
PHYSIOLOGIE DES PASSIONS. 1 vol.

Faivre.
DE LA VARIABILITÉ DES ESPÈCES.
1 vol.
Stuart Mill.
AUGUSTE COMTE ET LA PHILOSOPHIE
POSITIVE, trad. de l'angl. 1 vol.
Ernest Bersot.
LIBRE PHILOSOPHIE. 1 vol.
A. Réville.
HISTOIRE DU DOGME DE LA DIVINITÉ
DE JÉSUS-CHRIST. 1 vol.
W. de Fonvielle.
L'ASTRONOMIE MODERNE. 1 vol.
C. Coignet.
LA MORALE INDÉPENDANTE. 1 vol.
E. Boutmy.
PHILOSOPHIE DE L'ARCHITECTURE
EN GRÈCE. 1 vol.
Et. Vacherot.
LA SCIENCE ET LA CONSCIENCE.
1 vol.
Ém. de Laveleye.
DES FORMES DE GOUVERNEMENT.
1 vol.
Herbert Spencer.
CLASSIFICATION DES SCIENCES. 1 v.
Gauckler.
LE BEAU ET SON HISTOIRE.
Max Müller.
LA SCIENCE DE LA RELIGION. 1 v.
Léon Dumont.
HAECKEL ET LA THÉORIE DE L'É-
VOLUTION EN ALLEMAGNE. 1 vol.
Bertauld.
L'ORDRE SOCIAL ET L'ORDRE MO-
RAL. 1 vol.
Th. Ribot.
PHILOSOPHIE DE SCHOPENHAUER.
1 vol.
Al. Herzen.
PHYSIOLOGIE DE LA VOLONTÉ.
1 vol.
Bentham et Grote.
LA RELIGION NATURELLE 1 vol.

BIBLIOTHÈQUE DE PHILOSOPHIE CONTEMPORAINE

FORMAT IN-8.

Volumes à 5 fr., 7 fr. 50 c. et 10 fr.

JULES BARNI. **La Morale dans la démocratie.** 1 vol. 5 fr.

AGASSIZ. **De l'Espèce et des Classifications**, traduit de l'anglais par M. Vogeli. 1 vol. in-8. 5 fr.

STUART MILL. **La Philosophie de Hamilton.** 1 fort vol. in-8, traduit de l'anglais par M. Cazelles. 10 fr.

STUART MILL. **Mes Mémoires.** Histoire de ma vie et de mes idées, traduit de l'anglais par M. E. CAZELLES, 1 vol. in-8 5 fr.

STUART MILL. **Système de logique** déductive et inductive. Exposé des principes de la preuve et des méthodes de recherche scientifique, traduit de l'anglais par M. Louis Peisse, 2 vol. 20 fr.

STUART MILL. **Essais sur la Religion**, traduits de l'anglais, par M. E. Cazelles. 1 vol. in-8. 5 fr.

DE QUATREFAGES. Ch. **Darwin et ses précurseurs français.** 1 vol. in-8. 5 fr.

HERBERT SPENCER. **Les premiers Principes.** 1 fort vol. in-8, traduits de l'anglais par M. Cazelles. 10 fr.

HERBERT SPENCER. **Principes de psychologie**, traduits de l'anglais par MM. Th. Ribot et Espinas. 2 vol. in-8. 20 fr.

AUGUSTE LAUGEL. **Les Problèmes** (Problèmes de la nature, problèmes de la vie, problèmes de l'âme). 1 fort vol. in-8. 7 fr. 50

ÉMILE SAIGEY. **Les Sciences au XVIIIe siècle**, la physique de Voltaire. 1 vol. in-8. 5 fr.

PAUL JANET. **Histoire de la science politique** dans ses rapports avec la morale, 2e édition, 2 vol. in-8. 20 fr.

TH. RIBOT. **De l'Hérédité.** 1 vol. in-8. 10 fr.

HENRI RITTER. **Histoire de la philosophie moderne**, trad. franç. préc. d'une intr. par M. P. Challemel-Lacour, 3 v. in-8. 20 fr.

ALF. FOUILLÉE. **La liberté et le déterminisme.** 1 v. in-8. 7 f. 50

DE LAVELEYE. **De la propriété et de ses formes primitives**, 1 vol. in-8. 7 fr. 50

BAIN. **Des Sens et de l'Intelligence.** 1 vol. in-8, trad. de l'anglais par M. Cazelles. 10 fr.

BAIN. **La Logique inductive et déductive**, traduite de l'anglais par M. Compayré. 2 vol. in-8. 20 fr.

HARTMANN. **Philosophie de l'Inconscient**, traduite de l'allemand. 1 vol. (*Sous presse.*)

ÉDITIONS ÉTRANGÈRES

Éditions anglaises.

AUGUSTE LAUGEL. The United-States during the war. 1 beau volume in-8 relié. 7 shill. 6 p.

ALBERT RÉVILLE. History of the doctrine of the deity of Jesus-Christ. 1 vol. 3 sh. 6 p.

H. TAINE. Italy (Naples et Rome). 1 beau vol. in-8 relié. 7 sh. 6 p.

H. TAINE. The Philosophy of art. 1 vol. in-18, rel. 3 shill.

PAUL JANET. The Materialism of present day, translated by prof. Gustave Masson. 1 vol. in-18, rel. 3 shill.

Éditions allemandes.

JULES BARNI. Napoléon Ier und sein Geschichtschreiber Thiers. 1 volume in-18. 1 thal.

PAUL JANET. Der Materialismus unserer Zeit, übersetzt von Prof. Reichlin-Meldegg mit einem Vorwort von prof. von Fichte. 1 vol. in-18. 1 thal.

H. TAINE. Philosophie der Kunst, 1 vol. in-18. 1 thal.

BIBLIOTHÈQUE D'HISTOIRE CONTEMPORAINE
Volumes in-18, à 3 fr. 50 c. — Cartonnés, 4 fr.

Carlyle.

HISTOIRE DE LA RÉVOLUTION FRAN-ÇAISE, traduite de l'angl. 3 vol.

Victor Meunier.

SCIENCE ET DÉMOCRATIE. 2 vol.

Jules Barni.

HISTOIRE DES IDÉES MORALES ET POLITIQUES EN FRANCE AU XVIIIᵉ SIÈCLE. 2 vol.

NAPOLÉON Iᵉʳ ET SON HISTORIEN M. THIERS. 1 vol.

LES MORALISTES FRANÇAIS AU XVIIIᵉ SIÈCLE. 1 vol.

Auguste Laugel.

LES ÉTATS-UNIS PENDANT LA GUERRE (1861-1865). Souvenirs personnels. 1 vol.

De Rochau.

HISTOIRE DE LA RESTAURATION, traduite de l'allemand. 1 vol.

Eug. Véron.

HISTOIRE DE LA PRUSSE depuis la mort de Frédéric II jusqu'à la bataille de Sadowa. 1 vol.

HISTOIRE DE L'ALLEMAGNE depuis la bataille de Sadowa jusqu'à nos jours, 1 vol.

Hillebrand.

LA PRUSSE CONTEMPORAINE ET SES INSTITUTIONS. 1 vol.

Eug. Despois.

LE VANDALISME RÉVOLUTIONNAIRE. Fondations litt., scientif. et artist. de la Convention. 1 vol.

Bagehot.

LA CONSTITUTION ANGLAISE, trad. de l'anglais. 1 vol.

LOMBARD STREET, le marché financier en Angl., tr. de l'angl. 1 v.

Thackeray.

LES QUATRE GEORGE, trad. de l'anglais par M. Lefoyer. 1 vol.

Émile Montégut.

LES PAYS-BAS. Impressions de voyage et d'art. 1 vol.

Émile Beaussire.

LA GUERRE ÉTRANGÈRE ET LA GUERRE CIVILE. 1 vol.

Édouard Sayous.

HISTOIRE DES HONGROIS et de leur littérature politique de 1790 à 1815. 1 vol.

Éd. Bourloton.

L'ALLEMAGNE CONTEMPORAINE. 1 v.

Boert.

LA GUERRE DE 1870-71 d'après le colonel féd. suisse Rustow. 1 v.

Herbert Barry.

LA RUSSIE CONTEMPORAINE, traduit de l'anglais. 1 vol.

H. Dixon.

LA SUISSE CONTEMPORAINE, traduit de l'anglais. 1 vol.

Louis Teste.

L'ESPAGNE CONTEMPORAINE, journal d'un voyageur. 1 vol.

J. Clamageran.

LA FRANCE RÉPUBLICAINE. 1 vol.

E. Duvergier de Hauranne.

LA RÉPUBLIQUE CONSERVATRICE. 1 v.

H. Reynald.

HISTOIRE DE L'ESPAGNE, depuis la mort de Charles III jusqu'à nos jours. 1 vol.

HISTOIRE DE L'ANGLETERRE, depuis la mort de la reine Anne jusqu'à nos jours. 1 vol.

L. Asseline.

HISTOIRE DE L'AUTRICHE, depuis la mort de Marie-Thérèse jusqu'à nos jours.

FORMAT IN-8.

Sir G. Cornewall Lewis.

HISTOIRE GOUVERNEMENTALE DE L'ANGLETERRE DE 1770 JUSQU'A 1830, trad. de l'anglais. 1 vol. 7 fr.

De Sybel.

HISTOIRE DE L'EUROPE PENDANT LA RÉVOLUTION FRANÇAISE. 2 vol. in-8. 14 fr.

Taxile Delord.

HISTOIRE DU SECOND EMPIRE, 1848-1870.

1869. Tome Iᵉʳ, 1 vol. in-8. 7 fr.
1870. Tome II, 1 vol. in-8. 7 fr.
1872. Tome III, 1 vol. in-8 7 fr.
1874. Tome IV, 1 vol. in-8. 7 fr.
1874. Tome V, 1 vol. in-8. 7 fr.
1875. Tome VI et dernier. 7 fr.

REVUE
Politique et Littéraire
(Revue des cours littéraires,
2ᵉ série.)

REVUE
Scientifique
(Revue des cours scientifiques,
2ᵉ série.)

Directeurs : MM. Eug. YUNG et Ém. ALGLAVE

La septième année de la **Revue des Cours littéraires** et de la **Revue des Cours scientifiques**, terminée à la fin de juin 1871, clôt la première série de cette publication.

La deuxième série a commencé le 1ᵉʳ juillet 1871, et depuis cette époque chacune des années de la collection commence à cette date. Des modifications importantes ont été introduites dans ces deux publications.

REVUE POLITIQUE ET LITTÉRAIRE

La *Revue politique* continue à donner une place aussi large à la littérature, à l'histoire, à la philosophie, etc., mais elle a agrandi son cadre, afin de pouvoir aborder en même temps la politique et les questions sociales. En conséquence, elle a augmenté de moitié le nombre des colonnes de chaque numéro (48 colonnes au lieu de 32).

Chacun des numéros, paraissant le samedi, contient régulièrement :

Une *Semaine politique* et une *Causerie politique* où sont appréciés, à un point de vue plus général que ne peuvent le faire les journaux quotidiens, les faits qui se produisent dans la politique intérieure de la France, discussions de l'Assemblée, etc.

Une *Causerie littéraire* où sont annoncés, analysés et jugés les ouvrages récemment parus : livres, brochures, pièces de théâtre importantes, etc.

Tous les mois la *Revue politique* publie un *Bulletin géographique* qui expose les découvertes les plus récentes et apprécie les ouvrages géographiques nouveaux de la France et de l'étranger. Nous n'avons pas besoin d'insister sur l'importance extrême qu'a prise la géographie depuis que les Allemands en ont fait un instrument de conquête et de domination.

De temps en temps une *Revue diplomatique* explique au point de vue français les événements importants survenus dans les autres pays.

On accusait avec raison les Français de ne pas observer avec assez d'attention ce qui se passe à l'étranger. La *Revue* remédie à ce défaut. Elle analyse et traduit les livres, articles, discours ou conférences qui ont pour auteurs les hommes les plus éminents des divers pays.

Comme au temps où ce recueil, s'appelait la *Revue des cours littéraires* (1864-1870), il continue à publier les principales leçons du Collége de France, de la Sorbonne et des Facultés des départements.

. Les ouvrages importants sont analysés, avec citations et extraits, dès le lendemain de leur apparition. En outre, la *Revue politique* publie des articles spéciaux sur toute question que recommandent à l'attention des lecteurs, soit un intérêt public, soit des recherches nouvelles.

Parmi les collaborateurs, nous citerons :

Articles politiques. — MM. de Pressensé, Ernest Duvergier de Hauranne, H. Aron, Em. Beaussire, Anat. Dunoyer, Clamageran.

Diplomatie et pays étrangers. — MM. Albert Sorel, Reynald, Léo Quesnel, Louis Leger.

Philosophie. — MM. Janet, Caro, Ch. Lévêque, Véra, Léon Dumont, Fernand Papillon, Th. Ribot, Huxley.

Morale. — MM. Ad. Franck, Laboulaye, Jules Barni, Legouvé, Ath. Coquerel, Bluntschli.

Philologie et archéologie. — MM. Max Müller, Eugène Benoist, L. Havet, E. Ritter, Maspéro, George Smith.

Littérature ancienne. — MM. Egger, Havet, George Perrot, Gaston Boissier, Geffroy, Martha.

Littérature française. — MM. Ch. Nisard, Lenient, L. de Loménie, Édouard Fournier, Bersier, Gidel, Jules Claretie, Paul Albert.

Littérature étrangère. — MM. Mézières, Büchner. .

Histoire. — MM. Alf. Maury, Littré, Alf. Rambaud, H. de Sybel.

Géographie, Economie politique. — MM. Levasseur, Himly, Gaidoz, Alglave.

Instruction publique. — Madame C. Coignet, M. Buisson.

Beaux-arts. — MM. Gebhart, C. Selden, Justi, Schnaase, Vischer.

Critique littéraire. — MM. Eugène Despois, Maxime Gaucher.

Ainsi la *Revue politique* embrasse tous les sujets. Elle consacre à chacun une place proportionnée à son importance. Elle est, pour ainsi dire, une image vivante, animée et fidèle de tout le mouvement contemporain.

REVUE SCIENTIFIQUE

Mettre la science à la portée de tous les gens éclairés sans l'abaisser ni la fausser, et, pour cela, exposer les grandes découvertes et les grandes théories scientifiques par leurs auteurs mêmes ;

Suivre le mouvement des idées philosophiques dans le monde savant de tous les pays :

Tel est le double but que la *Revue scientifique* poursuit depuis dix ans avec un succès qui l'a placée au premier rang des publications scientifiques d'Europe et d'Amérique.

Pour réaliser ce programme, elle devait s'adresser d'abord aux Facultés françaises et aux Universités étrangères qui comptent dans leur sein presque tous les hommes de science éminents. Mais, depuis deux années déjà, elle a élargi son cadre afin d'y faire entrer de nouvelles matières.

En laissant toujours la première place à l'enseignement supérieur proprement dit, la *Revue scientifique* ne se restreint plus désormais aux leçons et aux conférences. Elle poursuit tous les développements de la science sur le terrain économique, industriel, militaire et politique.

Elle publie les principales leçons faites au Collége de France, au Muséum d'histoire naturelle de Paris, à la Sorbonne, à l'Institution royale de Londres, dans les Facultés de France, les universités d'Allemagne, d'Angleterre, d'Italie, de Suisse, d'Amérique, et les institutions libres de tous les pays.

Elle analyse les travaux des Sociétés savantes d'Europe et d'Amérique, des Académies des sciences de Paris, Vienne, Berlin, Munich, etc., des Sociétés royales de Londres et d'Édimbourg, des Sociétés d'anthropologie, de géographie, de chimie, de botanique, de géologie, d'astronomie, de médecine, etc.

Elle expose les travaux des grands congrès scientifiques, les Associations *française, britannique* et *américaine*, le congrès des naturalistes allemands, la Société helvétique des sciences naturelles, les congrès internationaux d'anthropologie préhistorique, etc.

Enfin, elle publie des articles sur les grandes questions philosophie naturelle, les rapports de la science avec la politique, l'industrie et l'économie sociale, l'organisation scientifique des divers pays, les sciences économiques et militaires, etc.

Parmi les collaborateurs nous citerons :

Astronomie, météorologie. — MM. Leverrier, Faye, Balfour-Stewart, Janssen, Normann Lockyer, Vogel, Wolf, Miller, Laussedat, Thomson, Rayet, Secchi, Briot, Herschell, etc.

Physique. — MM. Helmholtz, Tyndall, Jamin, Desains, Carpenter, Gladstone, Grad, Boutan, Becquerel, Cazin, Fernet, Onimus, Bertin.

Chimie. — MM. Wurtz, Berthelot, H. Sainte-Claire Deville, Bouchardat, Grimaux, Jungfleisch, Mascart, Odling, Dumas, Troost, Peligot, Cahours, Graham, Friedel, Pasteur.

Géologie. — MM. Hébert, Bleicher, Fouqué, Gaudry, Ramsay, Sterry-Hunt, Contejean, Zittel, Wallace, Lory, Lyell, Daubrée.

Zoologie. — MM. Agassiz, Darwin, Haeckel, Milne Edwards, Perrier, P. Bert, Van Beneden, Lacaze-Duthiers, Pasteur, Pouchet Joly, De Quatrefages, Faivre, A. Moreau, E. Blanchard, Marey.

Anthropologie. — MM. Broca, De Quatrefages, Darwin, De Mortillet, Virchow, Lubbock, K. Vogt.

Botanique. — MM. Baillon, Brongniart, Cornu, Faivre, Spring, Chatin, Van Tieghem, Duchartre.

Physiologie, anatomie. — MM. Claude Bernard, Chauveau, Fraser, Gréhant, Lereboullet, Moleschott, Onimus, Ritter, Rosenthal, Wundt, Pouchet, Ch. Robin, Vulpian, Virchow, P. Bert, du Bois-Reymond, Helmholtz, Frankland, Brücke.

Médecine. — MM. Chauffard, Chauveau, Cornil, Gubler, Le Fort, Verneuil, Broca, Liebreich, Lorain, Axenfeld, Lasègue, G. Sée, Bouley, Giraud-Teulon, Bouchardat.

Sciences militaires. — MM. Laussedat, Le Fort, Abel, Jervois, Morin, Noble, Reed, Usquin.

Philosophie scientifique. — MM. Alglave, Bagehot, Carpenter, Léon Dumont, Hartmann, Herbert Spencer, Laycock, Lubbock, Tyndall, Gavarret, Ludwig.

Prix d'abonnement :

Une seule revue séparément	Six mois.	Un an.	Les deux revues ensemble	Six mois.	Un an.
Paris	12f	20f	Paris	20f	36f
Départements.	15	25	Départements.	25	42
Étranger.	18	30	Étranger.	30	50

L'abonnement part du 1er juillet, du 1er octobre, du 1er janvier et du 1er avril de chaque année.

Chaque volume de la première série se vend : broché..... 15 fr.
relié........ 20 fr.
Chaque année de la 2e série, formant 2 vol., se vend : broché.. 20 fr.
relié.... 25 fr.

Prix de la collection de la première série :

Prix de la collection complète de la *Revue des cours littéraires* (1864-1870), 7 vol. in-4.............................. 105 fr.

Prix de la collection complète des deux *Revues* prises en même temps, 14 vol. in-4................................. 182 fr.

Prix de la collection complète des deux séries :

Revue des cours littéraires et *Revue politique et littéraire* (décembre 1863 — juillet 1875), 15 vol. in-4................ 185 fr.

— Avec la *Revue des cours scientifiques* et la *Revue scientifique*, 30 vol. in-4 .... 434 fr.

BIBLIOTHÈQUE SCIENTIFIQUE
INTERNATIONALE

Le premier besoin de la science contemporaine, — on pourrait même dire d'une manière plus générale des sociétés modernes, — c'est l'échange rapide des idées entre les savants, les penseurs, les classes éclairées de tous les pays. Mais ce besoin n'obtient encore aujourd'hui qu'une satisfaction fort imparfaite. Chaque peuple a sa langue particulière, ses livres, ses revues, ses manières spéciales de raisonner et d'écrire, ses sujets de prédilection. Il lit fort peu ce qui se publie au delà de ses frontières, et la grande masse des classes éclairées, surtout en France, manque de la première condition nécessaire pour cela, la connaissance des langues étrangères. On traduit bien un certain nombre de livres anglais ou allemands ; mais il faut presque toujours que l'auteur ait à l'étranger des amis soucieux de répandre ses travaux, ou que l'ouvrage présente un caractère pratique qui en fait une bonne entreprise de librairie. Les plus remarquables sont loin d'être toujours dans ce cas, et il en résulte que les idées neuves restent longtemps confinées, au grand détriment des progrès de l'esprit humain, dans le pays qui les a vues naître. Le libre échange industriel règne aujourd'hui presque partout ; le libre échange intellectuel n'a pas encore la même fortune, et cependant il ne peut rencontrer aucun adversaire ni inquiéter aucun préjugé.

Ces considérations avaient frappé depuis longtemps un certain nombre de savants anglais. Au congrès de l'Association britannique à Édimbourg, ils tracèrent le plan d'une *Bibliothèque scientifique internationale*, paraissant à la fois en anglais, en français et en allemand, publiée en Angleterre, en France, aux Etats-Unis, en Allemagne, et réunissant des ouvrages écrits par les savants les plus distingués de tous les pays. En venant en France pour chercher à réaliser cette idée, ils devaient naturellement s'adresser à la *Revue scientifique*, qui marchait dans la même voie, et qui projetait au même moment, après les désastres de la guerre, une entreprise semblable destinée à étendre en quelque sorte son cadre et à faire connaître plus rapidement en France les livres et les idées des peuples voisins.

La *Bibliothèque scientifique internationale* n'est donc pas une entreprise de librairie ordinaire. C'est une œuvre dirigée par les auteurs mêmes, en vue des intérêts de la science, pour la populariser sous toutes ses formes, et faire connaître immédiatement dans le monde entier les idées originales, les directions nouvelles, les découvertes importantes qui se font jour dans tous les pays. Chaque savant exposera les idées qu'il a introduites dans la science et condensera pour ainsi dire ses doctrines les plus originales.

On pourra ainsi, sans quitter la France, assister et participer au mouvement des esprits en Angleterre, en Allemagne, en Amérique, en Italie, tout aussi bien que les savants mêmes de chacun de ces pays.

La *Bibliothèque scientifique internationale* ne comprend pas seulement des ouvrages consacrés aux sciences physiques et naturelles, elle
aborde aussi les sciences morales comme la philosophie, l'histoire, la
politique et l'économie sociale, la haute législation, etc.; mais les
livres traitant des sujets de ce genre se rattacheront encore aux sciences
naturelles, en leur empruntant les méthodes d'observation et d'expé-
rience qui les ont rendues si fécondes depuis deux siècles.

Cette collection paraît à la fois en français, en anglais, en allemand,
en russe et en italien : à Paris, chez Germer Baillière ; à Londres,
chez Henry S. King et Cᵉ ; à New-York, chez Appleton ; à Leipzig, chez
Brockaus ; et à Saint-Pétersbourg, chez Koropchevski et Goldsmith ; à
Milán, chez Dumolard.

EN VENTE :
VOLUMES IN·18, CARTONNÉS A L'ANGLAISE

J. TYNDALL. **Les glaciers et les transformations de l'eau**, avec
figures. 1 vol. in-8. 6 fr.

MAREY. **La machine animale,** locomotion terrestre et aérienne,
avec de nombreuses figures. 1 vol. in-8. 6 fr.

BAGEHOT. **Lois scientifiques du développement des nations**
dans leurs rapports avec les principes de la sélection naturelle et de
l'hérédité. 1 vol. in-8. 6 fr.

BAIN. **L'esprit et le corps.** 1 vol. in-8. 6 fr.

PETTIGREW. **La locomotion chez les animaux,** marche, nata-
tion, vol. 1 vol. in-8 avec figures. 6 fr.

HERBERT SPENCER. **La science sociale.** 1 vol. 6 fr.

VAN BENEDEN. **Les commensaux et les parasites dans le**
règne animal, 1 vol. in-8, avec figures. 6 fr.

O. SCHMIDT. **La descendance de l'homme et le darwinisme.**
1 vol. in-8 avec figures. 6 fr.

MAUDSLEY. **Le Crime et la Folie.** 1 vol. in-8 6 fr.

Liste des principaux ouvrages qui sont en préparation :

AUTEURS FRANÇAIS

CLAUDE BERNARD. Phénomènes physiques
et Phénomènes métaphysiques de la vie.
HENRI SAINTE-CLAIRE DÉVILLE. Introduction
à la chimie générale. .
ÉMILE ALGLAVE. Physiologie générale des
gouvernements.
A. DE QUATREFAGES. Les races nègres.
A. WURTZ. Atomes et atomicité.

BERTHELOT. La synthèse chimique.
H. DE LACAZE-DUTHIERS. La zoologie depuis
Cuvier.
FRIEDEL. Les fonctions en chimie organique
TAINE. Les émotions et la volonté.
ALFRED GRANDIDIER. Madagascar.
DEBRAY. Les métaux précieux.

AUTEURS ANGLAIS

HUXLEY. Mouvement et conscience.
W. B. CARPENTER. La physiologie de l'es-
prit.
RAMSAY. Structure de la terre.
SIR J. LUBBOCK. Premiers âges de l'hu-
manité.
BALFOUR STEWART. La conservation de la
force.
CHARLTON BASTIAN. Le cerveau comme or-
gane de la pensée.

NORMAN LOCKYER. L'analyse spectrale.
W. ODLING. La chimie nouvelle.
LAWDER LINDSAY. L'intelligence chez les
animaux inférieurs.
STANLEY JEVONS. Les lois de la statistique.
MICHAEL FOSTER. Protoplasma et physio-
logie cellulaire.
ED. SMITH. Aliments et alimentation.
K. CLIFFORD. Les fondements des sciences
exactes.

AUTEURS ALLEMANDS

VIRCHOW. Physiologie pathologique.
ROSENTHAL. Physiologie générale des mus-
cles et des nerfs.
BERNSTEIN. Physiologie des sens.

HERMANN. Physiologie de la respiration.
O. LIEBREICH. Fondements de la toxicologie.
STEINTHAL. Fondements de la linguistique.
VOGEL. Chimie de la lumière.

AUTEURS AMÉRICAINS

J. DANA. L'échelle et les progrès de la vie.
S. W. JOHNSON. La nutrition des plantes.

A. FLINT. Les fonctions du système nerveux.
W. D. WHITNEY. La linguistique moderne.

OUVRAGES
De M. le professeur VÉRA
Professeur à l'université de Naples.

INTRODUCTION
A LA
PHILOSOPHIE DE HÉGEL
1 vol. in-8, 1864, 2ᵉ édition.... 6 fr. 50

LOGIQUE DE HÉGEL
Traduite pour la première fois, et accompagnée d'une Introduction
et d'un commentaire perpétuel.
2 volumes in-8, 1874, 2ᵉ édition. 14 fr.

PHILOSOPHIE DE LA NATURE
DE HÉGEL
Traduite pour la première fois, et accompagnée d'une Introduction
et d'un commentaire perpétuel.
3 volumes in-8. 1864-1866........ 25 fr.
Prix du tome II... 8 fr. 50.— Prix du tome III... 8 fr. 50

PHILOSOPHIE DE L'ESPRIT
DE HÉGEL
Traduite pour la première fois, et accompagnée d'une Introduction
et d'un commentaire perpétuel.
1867. Tome 1ᵉʳ, 1 vol. in-8. 9 fr.
1870. Tome 2ᵉ, 1 vol. in-8. 9 fr.
Philosophie de la Religion de Hégel. 2 vol. in-8. (*Sous presse.*)

L'Hégélianisme et la philosophie. 1 vol. in-18. 1861. 3 fr. 50
Mélanges philosophiques. 1 vol. in-8. 1862. 5 fr.
Essais de philosophie hégélienne (de la *Bibliothèque de philosophie contemporaine*). 1 vol. 2 fr. 50
Platonis, Aristotelis et Hegelii de medio termino doctrina. 1 vol. in-8. 1845. 1 fr. 50
Strauss. L'ancienne et la nouvelle foi. 1873, in-8. 6 fr.

RÉCENTES PUBLICATIONS

HISTORIQUES ET PHILOSOPHIQUES

Qui ne se trouvent pas dans les deux Bibliothèques,

ACOLLAS (Émile). **L'enfant né hors mariage.** 3e édition. 1872, 1 vol. in-18 de x-165 pages. 2 fr.

ACOLLAS (Émile). **Manuel de droit civil,** contenant l'exégèse du code Napoléon et un exposé complet des systèmes juridiques.
Tome premier (premier examen), 1 vol. in-8. 12 fr.
Tome deuxième (deuxième examen), 1 vol. in-8. 12 fr.
Tome troisième (troisième examen). 12 fr.

ACOLLAS (Émile). **Trois leçons sur le mariage.** In-8. 1 fr.50

ACOLLAS (Émile). **L'idée du droit.** In-8. 1 fr. 50

ACOLLAS (Émile). **Nécessité de refondre l'ensemble de nos codes,** et notamment le code Napoléon, au point de vue de l'idée démocratique. 1866, 1 vol. in-8. 3 fr.

Administration départementale et communale. Lois — Décrets — Jurisprudence, conseil d'État, cour de Cassation, décisions et circulaires ministérielles, in-4. 8 fr.

ALAUX. **La religion progressive.** 1869, 1 vol. in-18. 3 fr. 50

ARISTOTE. **Rhétorique** traduite en français et accompagnée de notes par J. Barthélemy Saint-Hilaire. 1870, 2 vol. in-8. 16 fr.

ARISTOTE. **Psychologie** (opuscules) traduite en français et accompagnée de notes par J. Barthélemy Saint-Hilaire. 1 vol. in-8. 10 fr.

ARISTOTE. **Politique,** trad. par Barthélemy Saint-Hilaire, 1868. 1 fort vol. in-8. 10 fr.

ARISTOTE. **Physique,** ou leçons sur les principes généraux de la nature, traduit par M. Barthélemy Saint-Hilaire. 2 forts vol. gr. in-8. 1872. 20 fr.

ARISTOTE. **Traité du Ciel.** 1866, traduit en français pour la première fois par M. Barthélemy Saint-Hilaire. 1 fort vol. gr. in-8. 10 fr.

ARISTOTE. **Météorologie,** avec le petit traité apocryphe : *Du Monde,* traduit par M. Barthélemy Saint-Hilaire. 1863. 1 fort vol. gr. in-8. 10 fr.

ARISTOTE. **Morale,** traduit par M. Barthélemy Saint-Hilaire. 1856, 3 vol gr. in-8. 24 fr.

ARISTOTE. **Poétique,** traduite par M. Barthélemy Saint-Hilaire, 1858. 1 vol. in-8. 5 fr.

ARISTOTE. **Traité de la production et de la destruction des choses,** traduit en français et accompagné de notes perpétuelles, par M. Barthélemy Saint-Hilaire, 1866. 1 vol. gr. in-8. 10 fr

AUDIFFRET-PASQUIER. **Discours devant les commissions de la réorganisation de l'armée et des marchés.** In-4. 2 fr. 50

L'art et la vie. 1867, 2 vol. in-8. 7 fr.

L'art et la vie de Stendhal. 1869, 1 fort vol. in-8. 6 fr.

BAGEHOT. **Lois scientifiques du développement des nations** dans leurs rapports avec les principes de l'hérédité et de la sélection naturelle. 1873, 1 vol. in-8 de la *Bibliothèque scientifique internationale,* cartonné à l'anglaise. 6 fr.

BARNI (Jules). **Napoléon Ier,** édition populaire. 1 vol. in-18. 1 fr.

BARNI (Jules). **Manuel républicain.** 1872, 1 vol. in-18. 1 fr. 50

BARNI (Jules). **Les martyrs de la libre pensée,** cours professé à Genève. 1862, 1 vol. in-18. 3 fr. 50

BARNI (Jules). Voy. KANT.

BARTHÉLEMY SAINT-HILAIRE. Voyez Aristote.

BARTHÉLEMY SAINT-HILAIRE. **La Logique d'Aristote.** 2 vol. gr. in-8. 16 fr.

BARTHÉLEMY SAINT-HILAIRE. **L'École d'Alexandrie.** 1 vol. in-8. 6 fr.

BAUTAIN. **La philosophie morale.** 2 vol. in-8. 12 fr.

CH. BÉNARD. **L'Esthétique de Hégel,** traduit de l'allemand. 2 vol. in-8. 16 fr.

CH. BÉNARD. **De la Philosophie dans l'éducation classique,** 1862. 1 fort vol. in-8. 6 fr.

CH. BÉNARD. **La Poétique,** par W.-F. Hégel, précédée d'une préface et suivie d'un examen critique. Extraits de Schiller, Goëthe, Jean Paul, etc., et sur divers sujets relatifs à la poésie. 2 vol. in-8. 12 fr.

BLANCHARD. **Les métamorphoses, les mœurs et les instincts des insectes,** par M. Émile BLANCHARD, de l'Institut, professeur au Muséum d'histoire naturelle. 1868, 1 magnifique volume in-8 jésus, avec 160 figures intercalées dans le texte et 40 grandes planches hors texte. Prix, broché. 30 fr. Relié en demi-maroquin. 35 fr.

BLANQUI. **L'éternité par les astres,** hypothèse astronomique. 1872, in-8. 2 fr.

BORELY (J.). **Nouveau système électoral, représentation proportionnelle de la majorité et des minorités.** 1870, 1 vol. in-18 de XVIII-194 pages. 2 fr. 50

BORELY. **De la justice et des juges,** projet de réforme judiciaire. 1871, 2 vol. in-8. 12 fr.

BOUCHARDAT. **Le travail,** son influence sur la santé (conférences faites aux ouvriers). 1863, 1 vol. in-18. 2 fr. 50

BOUCHARDAT et H. JUNOD. **L'eau-de-vie et ses dangers,** conférences populaires. 1 vol. in-18. 1 fr.

BERSOT. **La philosophie de Voltaire.** 1 vol in-12. 3 fr. 50

ÉD. BOURLOTON et E. ROBERT. **La Commune** et ses idées à travers l'histoire. 1872, 1 vol. in-18. 3 fr. 50

BOUCHUT. **Histoire de la médecine et des doctrines médicales.** 1873, 2 forts vol. in-8. 16 fr.

BOUCHUT et DESPRÉS. **Dictionnaire de médecine et de thérapeutique médicale et chirurgicale,** comprenant le résumé de la médecine et de la chirurgie, les indications thérapeutiques ·de chaque maladie, la médecine opératoire, les accouchements, l'oculistique, l'odontechnie, l'électrisation, la matière médicale, les eaux minérales, et *un formulaire spécial pour chaque maladie.* 1873. 2ᵉ édit. très-augmentée. 1 magnifique vol. in-4, avec 750 fig. dans le texte. 25 fr.

BOUILLET (ADOLPHE). **L'armée d'Henri V. — Les bourgeois gentilshommes de 1871.** 1 vol. in-12. 3 fr. 50

BOUILLET (ADOLPHE). **L'armée d'Henri V. — Les bourgeois gentilshommes.** Types nouveaux et inédits. 1 vol. in-18. 2 fr. 50

BOUTROUX. **De la contingence des lois de la nature,** in-8, 1874. 3 fr. 50

BRIERRE DE BOISMONT. **Des maladies mentales,** 1867, brochure in-8 extraite de la *Pathologie médicale* du professeur Requin. 2 fr.

BRIERRE DE BOISMONT. **Des hallucinations, ou Histoire raisonnée des apparitions,** des visions, des songes, de l'extase, du magnétisme et du somnambulisme. 1862, 3ᵉ édition très-augmentée. 7 fr.

BRIERRE DE BOISMONT. **Du suicide et de la folie suicide.** 1865, 2ᵉ édition, 1 vol. in-8. 7 fr.

CHASLES (PHILARÈTE). **Questions du temps et problèmes d'autrefois.** Pensées sur l'histoire, la vie sociale, la littérature. 1 vol. in-18, édition de luxe. 3 fr.

CHASSERIAU. **Du principe autoritaire et du principe rationnel.** 1873, 1 vol. in-18. 3 fr. 50

CLAMAGERAN. **L'Algérie.** Impressions de voyage, 1874. 1 vol. in-18 avec carte. 3 fr. 50

CLAVEL. **La morale positive.** 1873, 1 vol. in-18. 3 fr.

Conférences historiques de la Faculté de médecine faites pendant l'année 1865. (*Les Chirurgiens érudits,* par M. Verneuil. — *Gui de Chauliac,* par M. Follin. — *Celse,* par M. Broca. — *Wurtzius,* par M. Trélat. — *Riolan,* par M. Le Fort. — *Levret,* par M. Tarnier. — *Harvey,* par M. Béclard. — *Stahl,* par M. Lasègue. — *Jenner,* par M. Lorain. — *Jean de Vier et les sorciers,* par M. Axenfeld. — *Laennec,* par M. Chauffard. — *Sylvius,* par M. Gubler. — *Stoll,* par M. Parrot.) 1 vol. in-8. 6 fr.

COQUEREL (Charles). **Lettres d'un marin à sa famille.** 1870, 1 vol. in-18. 3 fr. 50

COQUEREL (Athanase). Voyez *Bibliothèque de philosophie contemporaine.*

COQUEREL fils (Athanase). **Libres études** (religion, critique, histoire, beaux-arts). 1867, 1 vol. in-8. 5 fr.

COQUEREL fils (Athanase). **Pourquoi la France n'est-elle pas protestante ?** Discours prononcé à Neuilly le 1ᵉʳ novembre 1866. 2ᵉ édition, in-8. 1 fr.

COQUEREL fils (Athanase). **La charité sans peur,** sermon en faveur des Victimes des inondations, prêché à Paris le 18 novembre 1866. In-8. 75 c.

COQUEREL fils (Athanase). **Évangile et liberté,** discours d'ouverture des prédications protestantes libérales, prononcé le 8 avril 1868. In-8. 50 c.

COQUEREL fils (Athanase). **De l'éducation des filles,** réponse à Mgr l'évêque d'Orléans, discours prononcé le 3 mai 1868. In-8. 1 fr.

CORLIEU. **La mort des rois de France** depuis François Ier jusqu'à la Révolution française, 1 vol. in-18 en caractères elzéviriens, 1874. 3 fr. 50

Conférences de la Porte-Saint-Martin pendant le siége de Paris. Discours de MM. *Desmarets* et *de Pressensé.* — Discours de M. *Coquerel,* sur les moyens de faire durer la République. — Discours de M. *Le Berquier,* sur la Commune. — Discours de M. *E. Bersier,* sur la Commune. — Discours de M. *H. Cernuschi,* sur la Légion d'honneur. In-8. 1 fr. 25

CORNIL. **Leçons élémentaires d'hygiène,** rédigées pour l'enseignement des lycées d'après le programme de l'Académie de médecine. 1873, 1 vol. in-18 avec figures intercalées dans le texte. 2 fr. 50

Sir G. CORNEWALL LEWIS. **Histoire gouvernementale de l'Angleterre de 1770 jusqu'à 1830,** trad. de l'anglais et précédée de la vie de l'auteur, par M. Mervoyer. 1867, 1 vol. in-8 de la *Bibliothèque d'histoire contemporaine.* 7 fr.

Sir G. CORNEWALL LEWIS. **Quelle est la meilleure forme de gouvernement?** Ouvrage traduit de l'anglais; précédé d'une Étude sur la vie et les travaux de l'auteur, par M. Mervoyer, docteur ès lettres. 1867, 1 vol. in-8. 3 fr. 50

DAMIRON. **Mémoires pour servir à l'histoire de la philosophie au XVIIIe siècle.** 3 vol. in-8. 12 fr.

DELAVILLE. **Cours pratique d'arboriculture fruitière** pour la région du nord de la France, avec 269 fig. In-8. 6 fr.

DELEUZE. **Instruction pratique sur le magnétisme animal,** précédée d'une Notice sur la vie de l'auteur. 1853. 1 vol. in-12. 3 fr. 50

DELORD (Taxile). **Histoire du second empire. 1848-1870.**
1869. Tome Ier, 1 fort vol. in-8. 7 fr.
1870. Tome II, 1 fort vol. in-8. 7 fr.
1873. Tome III, 1 fort vol. in-8. 7 fr.
1874. Tome IV, 1 fort vol. in-8. 7 fr.
1874. Tome V, 1 fort vol. in-8. 7 fr.
1875. Tome VI et dernier. 1 fort vol. in-8. 7 fr.

DENFERT (colonel). **Des droits politiques des militaires.** 1874, in-8. 75 c.

DOLLFUS (Charles). **De la nature humaine.** 1868, 1 vol. in-8. 5 fr.

DOLLFUS (Charles). **Lettres philosophiques.** 3e édition. 1869, 1 vol. in-18. 3 fr. 50

DOLLFUS (Charles). **Considérations sur l'histoire.** Le monde antique. 1872, 1 vol. in-8. 7 fr. 50

DUGALD-STEVART. **Éléments de la philosophie de l'esprit humain,** traduit de l'anglais par Louis Peisse, 3 vol. in-12.
9 fr.

DU POTET. **Manuel de l'étudiant magnétiseur.** Nouvelle édition. 1868, 1 vol. in-18. 3 fr. 50

DU POTET. **Traité complet de magnétisme,** cours en douze leçons. 1856, 3ᵉ édition, 1 vol. de 634 pages. 7 fr.

DUPUY (Paul). **Études politiques,** 1874. 1 v. in-8 de 236 pages.
3 fr. 50

DUVAL-JOUVE. **Traité de Logique,** ou essai sur la théorie de la science, 1855. 1 vol. in-8. 6 fr.

Éléments de science sociale. Religion physique, sexuelle et naturelle, ouvrage traduit sur la 7ᵉ édition anglaise. 1 fort vol. in-18, cartonné. 4 fr.

ÉLIPHAS LÉVI. **Dogme et rituel de la haute magie.** 1861, 2ᵉ édit., 2 vol. in-8, avec 24 fig. 18 fr.

ÉLIPHAS LÉVI. **Histoire de la magie,** avec une exposition claire et précise de ses procédés, de ses rites et de ses mystères. 1860, 1 vol. in-8, avec 90 fig. 12 fr.

ÉLIPHAS LÉVI. **La science des esprits,** révélation du dogme secret des Kabbalistes, esprit occulte de l'Évangile, appréciation des doctrines et des phénomènes spirites. 1865, 1 v. in-8. 7 fr.

FAU. **Anatomie des formes du corps humain,** à l'usage des peintres et des sculpteurs. 1866, 1 vol. in-8 et atlas de 25 planches. 2ᵉ édition. Prix, fig. noires. 20 fr.
Prix, figures coloriées. 35 fr.

FERRON (de). **Théorie du progrès** (Histoire de l'idée du progrès. — Vico. — Herder. — Turgot. — Condorcet. — Saint-Simon. — Réfutation du césarisme). 1867, 2 vol. in-18. 7 fr.

FERRON (de). **La question des deux Chambres.** 1872, in-8 de 45 pages. 1 fr.

Em. FERRIÈRE. **Le darwinisme.** 1872, 1 vol. in-18. 4 fr. 50

FICHTE. **Méthode pour arriver à la vie bienheureuse,** traduit par Francisque Bouiller. 1 vol. in-8. 8 fr.

FICHTE. **Destination du savant et de l'homme de lettres,** traduit par M. Nicolas. 1 vol. in-8. 3 fr.

FICHTE. **Doctrines de la science.** Principes fondamentaux de la science de la connaissance, trad. par Grimblot. 1 vol. in-8.
9 fr.

FLEURY (Amédée). **Saint Paul et Sénèque,** recherches sur les rapports du philosophe avec l'apôtre et sur l'infiltration du christianisme naissant à travers le paganisme. 2 vol. in-8. 15 fr.

FOUCHER DE CAREIL. **Leibniz, Descartes, Spinoza.** In-8.
4 fr.

FOUCHER DE CAREIL. **Lettres et opuscules de Leibniz.** 1 vol. in-8. 3 fr. 50

FOUCHER DE CAREIL. **Leibniz et Pierre le Grand.** 1 vol. in-8. 1874. 2 fr.

FOUILLÉE (Alfred). **La philosophie de Socrate.** 2 vol. in-8.
16 fr.

FOUILLÉE (Alfred). **La philosophie de Platon.** 2 vol. in-8.
16 fr.

FOUILLÉE (Alfred). **La liberté et le déterminisme.** 1 fort vol.
in-8. 7 fr. 50

FOUILLÉE (Alfred). **Platonis hippias minor sive Socratica,**
1 vol. in-8. 2 fr.

FRIBOURG. **Du paupérisme parisien,** de ses progrès depuis
vingt-cinq ans. 1 fr. 25

HAMILTON (William). **Fragments de Philosophie,** traduits de
l'anglais par Louis Peisse. 7 fr. 50

HÉGEL. Voy. p. 13.

HERZEN. **Œuvres complètes.** Tome Ier. *Récits et nouvelles.*
1874, 1 vol. in-18. 3 fr. 50

HERZEN. **De l'autre Rive.** 4e édition, traduit du russe par
M. Herzen fils. 1 vol. in-18. 3 fr. 50

HERZEN. **Lettres de France et d'Italie.** 1871, in-18. 3 fr. 50

HUMBOLDT (G. de). **Essai sur les limites de l'action de
l'État,** traduit de l'allemand, et précédé d'une Étude sur la vie
et les travaux de l'auteur, par M. Chrétien, docteur en droit.
1867, in-18. 3 fr. 50

ISSAURAT. **Moments perdus de Pierre-Jean,** observations,
pensées, rêveries antipolitiques, antimorales, antiphilosophiques,
antimétaphysiques, anti tout ce qu'on voudra. 1868, 1 v. in-18. 3 fr.

ISSAURAT. **Les alarmes d'un père de famille,** suscitées,
expliquées, justifiées et confirmées par lesdits faits et gestes de
Mgr. Dupanloup et autres. 1868, in-8. 1 fr.

JANET (Paul). **Histoire de la science politique** dans ses rapports avec la morale. 2 vol. in-8. 20 fr.

JANET (Paul). **Études sur la dialectique** dans Platon et dans
Hegel. 1 vol. in-8. 6 fr.

JANET (Paul). **Œuvres philosophiques de Leibniz.** 2 vol.
in-8. 16 fr.

JANET (Paul). **Essai sur le médiateur plastique de Cud-
worth.** 1 vol. in-8. 6 fr.

KANT. **Critique de la raison pure,** précédé d'une préface par
M. Jules BARNI. 1870, 2 vol. in-8. 16 fr.

KANT. **Critique de la raison pure,** traduit par M. Tissot.
2 vol. in-8. 16 fr.

KANT. **Éléments métaphysiques de la doctrine du droit,**
suivis d'un Essai philosophique sur la paix perpétuelle, traduits
de l'allemand par M. Jules BARNI. 1854, 1 vol. in-8. 8 fr.

KANT. **Principes métaphysiques du droit** suivi du *projet de
paix perpétuelle,* traduction par M. Tissot. 1 vol. in-8. 8 fr.

KANT. **Éléments métaphysiques de la doctrine de la vertu**, suivi d'un Traité de pédagogie, etc. ; traduit de l'allemand par M. Jules BARNI, avec une introduction analytique. 1855, 1 vol. in-8. 8 fr.

KANT. **Principes métaphysiques de la morale**, augmenté des *fondements de la métaphysique des mœurs*, traduction par M. Tissot. 1 vol. in-8. 8 fr.

KANT. **La religion dans les limites de la raison**, traduit de l'allemand par J. Trullard. 1 vol. in-8. 7 f. 50

KANT. **La logique**, traduction de M. Tissot. 1 vol. in-4. 4 fr.

KANT. **Mélanges de logique**, traduction par M. Tissot, 1 vol. in-8. 6 fr.

KANT. **Prolégomènes à toute métaphysique future** qui se présentera comme science, traduction de M. Tissot, 1 vol. in-8. 6 fr.

KANT. **Anthropologie**, suivie de divers fragments relatifs aux rapports du physique et du moral de l'homme et du commerce des esprits d'un monde à l'autre, traduction par M. Tissot. 1 vol. in-8. 6 fr.

KANT. **Examen de la critique de la raison pratique**, traduit par J. Barni. 1 vol. in-8. 6 fr.

KANT. **Éclaircissements sur la critique de la raison pure**, traduit par J. Tissot. 1 vol. in-8. 6 fr.

KANT. **Critique du jugement**, suivie des *observations sur les sentiments du beau et du sublime*, traduit par J. Barni. 2 vol. in-8. 12 fr.

KANT. **Critique de la raison pratique**, précédée des *fondements de la métaphysique des mœurs*, traduit par J. Barni. 1 vol. in-8. 6 fr.

LABORDE. **Les hommes et les actes de l'insurrection de Paris** devant la psychologie morbide. Lettres à M. le docteur Moreau (de Tours). 1 vol. in-18. 3 fr. 50

LACHELIER. **Le fondement de l'induction.** 3 fr. 50

LACHELIER. **De natura syllogismi** apud facultatem litterarum Parisiensem, hæc disputabat. 1 fr. 50

LACOMBE. **Mes droits.** 1869, 1 vol. in-12. 2 fr. 50

LAMBERT. **Hygiène de l'Égypte.** 1873. 1 vol. in-18. 2 fr. 50

LANGLOIS. **L'homme et la Révolution.** Huit études dédiées à P.-J. Proudhon. 1867, 2 vol. in-18. 7 fr.

LE BERQUIER. **Le barreau moderne.** 1871, 2e édition, 1 vol. in-18. 3 fr. 50

LE FORT. **La chirurgie militaire** et les Sociétés de secours en France et à l'étranger. 1873, 1 vol. gr. in-8, avec fig. 10 fr.

LE FORT. **Étude sur l'organisation de la Médecine** en France et à l'étranger. 1874, gr. in-8. 3 fr.

LEIBNIZ. **Œuvres philosophiques**, avec une Introduction et des notes par M. Paul Janet, 2 vol. in-8. 16 fr.

LITTRÉ. **Auguste Comte et Stuart Mill**, suivi de *Stuart Mill et la philosophie positive*, par M. G. Wyrouboff. 1867, in-8 de 86 pages. 2 fr.

LITTRÉ. **Application de la philosophie positive** au gouvernement des Sociétés. In-8. 3 fr. 50

LORAIN (P.). **Jenner et la vaccine**. Conférence historique. 1870, broch. in-8 de 48 pages. 1 fr. 50

LORAIN (P.). **L'assistance publique**. 1871, in-4 de 56 p. 1 fr.

LUBBOCK. **L'homme avant l'histoire**, étudié d'après les monuments et les costumes retrouvés dans les différents pays de l'Europe, suivi d'une Description comparée des mœurs des sauvages modernes, traduit de l'anglais par M. Ed. BARBIER, avec 156 figures intercalées dans le texte. 1867, 1 beau vol. in-8, prix broché. 15 fr.

    Relié en demi-maroquin avec nerfs. 18 fr.

LUBBOCK. **Les origines de la civilisation**. État primitif de l'homme et mœurs des sauvages modernes. 1873, 1 vol. grand in-8 avec figures et planches hors texte. Traduit de l'anglais par M. Ed. BARBIER. 15 fr.

    Relié en demi-maroquin avec nerfs. 18 fr.

MAGY. **De la science et de la nature**, essai de philosophie première. 1 vol. in-8. 6 fr.

MARAIS (Aug.). **Garibaldi et l'armée des Vosges**. 1872, 1 vol. in-18. 1 fr. 50

MAURY (Alfred). **Histoire des religions de la Grèce antique**. 3 vol. in-8. 24 fr.

MAX MULLER. **Amour allemand**. Traduit de l'allemand. 1 vol. in-18 imprimé en caractères elzéviriens. 3 fr. 50

MAZZINI. **Lettres à Daniel Stern** (1864-1872), avec une lettre autographiée. 1 v. in-18 imprimé en caractères elzéviriens. 3 fr. 50

MENIÈRE. **Cicéron médecin**, étude médico-littéraire. 1862, 1 vol. in-18. 1 fr. 50

MENIÈRE. **Les consultations de madame de Sévigné**, étude médico-littéraire. 1864, 1 vol. in-8. 3 fr.

MERVOYER. **Étude sur l'association des idées**. 1864, 1 vol. in-8. 6 fr.

MEUNIER (Victor). **La science et les savants**.

    1re année, 1864. 1 vol. in-18. 3 fr. 50
    2e année, 1865. 1er semestre, 1 vol. in-18. 3 fr. 50
    2e année, 1865. 2e semestre, 1 vol. in-18. 3 fr. 50
    3e année, 1866. 1 vol. in-18. 3 fr. 50
    4e année, 1867. 1 vol. in-18. 3 fr. 50

MICHELET (J.). **Le Directoire et les origines des Bonaparte.** 1872, 1 vol. in-8. 6 fr.

MILSAND. **Les études classiques** et l'enseignement public. 1873, 1 vol. in-18. 3 fr. 50

MILSAND. **Le code et la liberté.** Liberté du mariage, liberté des testaments. 1865, in-8. 2 fr.

MIRON. **De la séparation du temporel et du spirituel.** 1866, in-8. 3 fr. 50

MORER. **Projet d'organisation de colléges cantonaux,** in-8 de 64 pages. 1 fr. 50

MORIN. **Du magnétisme et des sciences occultes.** 1860, 1 vol. in-8. 6 fr.

MUNARET. **Le médecin des villes et des campagnes.** 4e édition, 1862, 1 vol. grand in-18. 4 fr. 50

NAQUET (A.). **La république radicale.** 1873, 1 vol. in-18. 3 fr. 50

NOURRISSON. **Essai sur la philosophie de Bossuet.** 1 vol. in-8. 4 fr.

OGER. **Les Bonaparte** et les frontières de la France. In-18. 50 c.

OGER. **La République.** 1871, brochure in-8. 50 c.

OLLÉ-LAPRUNE. **La philosophie de Malebranche.** 2 vol. in-8. 16 fr.

PARIS (comte de). **Les associations ouvrières en Angleterre** (trades-unions). 1869, 1 vol. gr. in-8. 2 fr. 50
    Édition sur papier de Chine : broché. 12 fr.
    — reliure de luxe. 20 fr.

PUISSANT (Adolphe). **Erreurs et préjugés populaires.** 1873, 1 vol. in-18. 3 fr. 50

REYMOND (William). **Histoire de l'art.** 1874, 1 vol. in-8. 5 fr.

RIBOT (Paul). **Matérialisme et spiritualisme.** 1873, in-8. 6 fr.

RIBOT (Th.) **La psychologie anglaise contemporaine** (James Mill, Stuart Mill, Herbert Spencer, A. Bain, G. Lewes, S. Bailey, J.-D. Morell, J. Murphy). 1870, 1 vol. in-18. 3 fr 50

RIBOT (Th.). **De l'hérédité.** 1873, 1 vol. in-8. 10 fr.

RITTER (Henri). **Histoire de la philosophie moderne,** traduction française précédée d'une introduction par P. Challemel-Lacour. 3 vol. in-8. 20 fr.

RITTER (Henri). **Histoire de la philosophie chrétienne,** trad. par M. J. Trullard. 2 forts vol. 15 fr.

RITTER (Henri). **Histoire de la philosophie ancienne,** trad. par Tissot. 4 vol. 30 fr.

SAINT-MARC GIRARDIN. **La chute du second Empire.** In-4. 4 fr. 50

SALETTA. **Principe de logique positive,** ou traité de scepticisme positif. Première partie (de la connaissance en général). 1 vol. gr. in-8. 3 fr. 50

SARCHI. **Examen de la doctrine de Kant.** 1872, gr. in-8. 4 fr.

SCHELLING. **Écrits philosophiques** et morceaux propres à donner une idée de son système, traduit par Ch. Bénard. In-8. 9 fr.

SCHELLING. **Bruno** ou du principe divin, trad. par Husson. 1 vol. in-8. 3 fr. 50

SCHELLING. **Idéalisme trancendantal,** traduit par Grimblot. 1 vol. in-8. 7 fr. 50

SIÈREBOIS. **Autopsie de l'âme.** Identité du matérialisme et du vrai spiritualisme. 2e édit. 1873, 1 vol. in-18. 2 fr. 50

SIÈREBOIS. **La morale** fouillée dans ses fondements. Essai d'anthropodicée. 1867, 1 vol. in-8. 6 fr.

SOREL (ALBERT). **Le traité de Paris du 20 novembre 1815.** Leçons professées à l'École libre des sciences politiques par M. Albert SOREL, professeur d'histoire diplomatique. 1873, 1 vol. in-8. 4 fr. 50

SPENCER (HERBERT). Voyez p. 3.

STUART MILL. Voyez page 3.

THULIÉ. **La folie et la loi.** 1867, 2e édit., 1 vol. in-8. 3 fr. 50

THULIÉ. **La manie raisonnante du docteur Campagne.** 1870, broch. in-8 de 132 pages. 2 fr.

TIBERGHIEN. **Les commandements de l'humanité.** 1872, 1 vol. in-18. 3 fr.

TIBERGHIEN. **Enseignement et philosophie.** 1873, 1 vol. in-18. 4 fr.

TISSOT. Voyez KANT.

TISSOT. **Principes de morale,** leur caractère rationnel et universel, leur application. Ouvrage couronné par l'Institut. 1 vol. in-8. 6 fr.

VACHEROT. **Histoire de l'école d'Alexandrie.** 3 vol. in-8.
24 fr.

VALETTE. **Cours de Code civil** professé à la Faculté de droit
de Paris. Tome I, première année (Titre préliminaire — Livre
premier). 1873, 1 fort vol. in-18. 8 fr.

VALMONT. **L'espion prussien.** 1872, roman traduit de l'anglais. 1 vol. in-18. 3 fr. 50

VÉRA. **Strauss. L'ancienne et la nouvelle foi.** 1873, in-8.
6 fr.

VÉRA. **Cavour et l'Église libre dans l'État libre,** 1874,
in-8. 3 fr. 50

VÉRA. **Traduction de Hégel.** Voy. le catalogue complet.

VILLIAUMÉ. **La politique moderne,** traité complet de politique.
1873, 1 beau vol. in-8. 6 fr.

WEBER. **Histoire de la philosophie européenne.** 1871,
1 vol. in-8. 10 fr.

L'Europe orientale. Son état présent, sa réorganisation, avec
deux tableaux ethnographiques, 1873. 1 vol. in-18. 3 fr. 50

Le Pays Jougo-Slave (Croatie-Serbie). Son état physique et politique, 1874. in-18. 3 fr. 50

**L'armée d'Henri V. — Les bourgeois gentilshommes
de 1871.** 1 vol. in-18. 3 fr. 50

L'armée d'Henri V. — Les bourgeois gentilshommes,
types nouveaux et inédits. 1 vol. in-18. 2 fr. 50

L'armée d'Henri V. — L'arrière-ban de l'ordre moral.
1874, 1 vol. in-18. 3 fr. 50

Annales de l'Assemblée nationale. Compte rendu *in extenso*
des séances, annexes, rapports, projets de loi, propositions, etc.
Prix de chaque volume. 15 fr.
Trente volumes sont en vente.

Loi de recrutement des armées de terre et de mer, pro-
mulguée le 16 août 1872. Compte rendu *in extenso* des trois
délibérations. — Lois des 10 mars 1818, 21 mars 1832,
21 avril 1855, 1er février 1868. 1 vol. gr. in-4 à 3 colonnes.
12 fr.

Administration départementale et communale. Lois, décrets, jurisprudence (conseil d'État, cour de cassation. décisions
et circulaires ministérielles). in-4. 8 fr.

DE LA DÉFENSE NATIONALE

DÉPOSITIONS DES TÉMOINS :

TOME PREMIER. Dépositions de MM. Thiers, maréchal Mac-Mahon, maréchal Le Bœuf, Benedetti, duc de Gramont, de Talhouët, amiral Rigault de Genouilly, baron Jérôme David, général de Palikao, Jules Brame, Clément Duvernois, Dréolle, Rouher, Pietri, Chevreau, général Trochu, J. Favre, J. Ferry, Garnier-Pagès, Emmanuel Arago, Pelletan, Ernest Picard, J. Simon, Magnin, Dorian, Èt. Arago, Gambetta, Crémieux, Glais-Bizoin, général Le Flô, amiral Fourichon, de Kératry,

TOME DEUXIÈME. Dépositions de MM. de Chaudordy, Laurier, Cesson, Dréo, Ranc, Rampont, Steenackers, Fernique, Robert, Schneider, Buffet, Lebreton et Hébert, Bellangé, colonel Alavoine, Gervais, Bécherelle, Robin, Muller, Boutefoy, Meyer, Clément et Simonneau, Fontaine, Jacob, Jean Brunet, Lemaire, Petetin, Guyot-Montpayroux, général Soumain, de Legge, colonel Vabre, de Crisenoy, colonel Ibos, Hémar, Frère, Read, Kergall, général Schmitz, Johnston, colonel Dauvergne, Didier, de Lareinty, Arnaud de l'Ariége, général Tamisier, Baudouin de Mortemart, Ernault, colonel Chaper, général Mazure, Berenger, Le Royer, Ducarre, Challemel-Lacour, Rouvier, Antran, Esquiros, Gent, Naquet, Thourel, Gatien-Arnoult, Fourcand.

TOME TROISIÈME. Dépositions militaires de MM. de Freycinet, de Serres, le général Lefort, le général Ducrot, le général Vinoy, le lieutenant de vaisseau Farcy, le commandant Amet, l'amiral Pothuau, jean Brunet, le général de Beaufort-d'Hautpoul, le général de Valdan, le général d'Aurelle de Paladines, le général Chanzy, le général Martin des Pallieres, le général de Sonis, le général Crouzat, le général de la Motterouge, le général Fiereck, l'amiral Jauréguiberry, le général Faidherbe, le général Paulze d'Ivoy, Testelin, le général Bourbaki, le général Clinchant, le colonel Leperche, le général Pallu de la Barrière, Rolland, Keller, le général Billot, le général Borel, le général Pellissier, l'intendant Friant, le général Cremer, le comte de Chaudordy.

TOME QUATRIÈME. Dépositions de MM. le général Bordone, Mathieu, de Laborie, Luce-Villiard, Castillon, Debusschère, Darcy, Chenet, de La Taille, Baillehache, de Grancey, L'Hermite, Pradier, Middleton, Frédéric Morin, Thoyot, le maréchal Bazaine, le général Boyer, le maréchal Canrobert, le général Ladmirault, Prost, le général Bressoles, Josseau, Spuller, Corbon, Dalloz, Henri Martin, Vacherot, Marc Dufraisse, Raoul Duval, Delille, de Laubespin, frère Dagobertus, frère Alcas, l'abbé d'Hulst, Bourgoin, Eschassériaux, Silvy, Le Nordez, Gérard, Guibert, Périn; errata et note a l'appui de la déposition de M. Darcy, annexe à la déposition de M. Testelin, note de M. le colonel Denfert, note de la Commission.

RAPPORTS :

TOME PREMIER. Rapport de M. *Chaper* sur les procès-verbaux des séances du Gouvernement de la Défense nationale. — Rapport de M. *de Sugny* sur les événements de Lyon sous le Gouvernement de la Défense nationale. — Rapport de M. *de Rességuier* sur les actes du Gouvernement de la Défense nationale dans le sud-ouest de la France.

TOME DEUXIÈME. Rapport de M. *Saint-Marc Girardin* sur la chute du second Empire. — Rapport de M. *de Sugny* sur les événements de Marseille sous le Gouvernement de la Défense nationale.

TOME TROISIÈME. Rapport de M. le comte *Daru*, sur la politique du Gouvernement de la Défense nationale à Paris.

TOME QUATRIÈME. Rapport de M. *Chaper*, sur l'examen au point de vue militaire des actes du Gouvernement de la Défense nationale à Paris.

TOME CINQUIÈME. Rapport de M. *Boreau-Lajanadie*, sur l'emprunt Morgau. — Rapport de M. *de la Borderie*, sur le camp de Conlie et l'armée de Bretagne. — Rapport de M. *de la Sicotiere*, sur l'affaire de Dreux.

TOME SIXIÈME. Rapport de M. *de Rainneville* sur les actes diplomatiques du Gouvernement de la Défense nationale. — Rapport de M. *A. Lallié* sur les postes et les télégraphes pendant la guerre. — Rapport de M. *Delsol* sur la ligne du Sud-Ouest. Rapport de M. *Perrot* sur la défense nationale en province. (1re *partie.*)

Prix de chaque volume... 15 fr.

RAPPORTS SE VENDANT SÉPARÉMENT

DE RESSÉGUIER. Les événements de Toulouse sous le Gouvernement de la
Défense nationale. In-4. 2 fr. 50
SAINT-MARC GIRARDIN. — La chute du second Empire. In-4. 4 fr. 50
DE SUGNY. — Les événements de Marseille sous le Gouvernement de la Defense
nationale. In-4. 10 fr.
DE SUGNY. — Les événements de Lyon sous le Gouvernement de la Défense
nationale. In-4. 7 fr.
DARU. — La politique du Gouvernement de la Défense nationale à Paris. In-4.
15 fr.
CHAPER. — Examen au point de vue militaire des actes du Gouvernement de
la Défense à Paris. In-4. 15 fr.
CHAPER. — Les procès-verbaux des séances du Gouvernement de la Défense na-
tionale. In-4. 5 fr.
BOREAU-LAJANADIE. — L'emprunt Morgan. In-4. 4 fr. 50
DE LA BORDERIE. — Le camp de Conlie et l'armée de Bretagne. in-4. 10 fr.
DE LA SICOTIÈRE. — L'affaire de Dreux. In-4. 2 fr. 50

ENQUÊTE PARLEMENTAIRE

SUR

L'INSURRECTION DU 18 MARS

édition contenant *in-extenso* les trois volumes distribués à l'Assemblée nationale.

1° RAPPORTS. Rapport général de M. Martial Delpit. Rapports de MM. *de Meaux*,
sur les mouvements insurrectionnels en province ; *de Massy*, sur le mouvement insurrectionnel à Marseille ; *Meplain*, sur le mouvement insurrectionnel à Toulouse ;
de Chamaillard, sur les mouvements insurrectionnels à Bordeaux et à Tours ; *Delille*,
sur le mouvement insurrectionnel à Limoges ; *Vacherot*, sur le rôle des municipalités ;
Ducarre, sur le rôle de l'Internationale ; *Boreau-Lajanadie*, sur le rôle de la presse
révolutionnaire à Paris ; *de Cumont*, sur le rôle de la presse révolutionnaire en province ; *de Saint-Pierre*, sur la garde nationale de Paris pendant l'insurrection ; *de
Larochetheulon*, sur l'armée et la garde nationale de Paris avant le 18 mars. — Rapports de MM. *les premiers présidents de Cour d'appel* d'Agen, d'Aix, d'Amiens, de
Bordeaux, de Bourges, de Chambéry, de Douai, de Nancy, de Pau, de Rennes, de
Riom, de Rouen, de Toulouse. — Rapports de MM. *les préfets* de l'Ardèche, des
Ardennes, de l'Aude, du Gers, de l'Isère, de la Haute-Loire, du Loiret, de la Nièvre,
du Nord, des Pyrénées-Orientales, de la Sarthe, de Seine-et-Marne, de Seine-et-Oise,
de la Seine-Inférieure, de Vaucluse. — Rapports de MM. les chefs de légion de gen-
darmerie.

2° DÉPOSITIONS de MM. Thiers, maréchal Mac-Mahon, général Trochu, J. Favre,
Ernest Picard, J. Ferry, général Le Flô, général Vinoy, Choppin, Cresson, Leblond,
Edmond Adam, Metteval, Hervé, Bethmont, Ansart, Marseille, Claude, Lagrange,
Macé, Nusse, Mouton, Garcin, colonel Lambert, colonel Gaillard, général Appert,
Gerspach, Barral de Montaud, comte de Mun, Floquet, général Cremer, amiral
Saisset, Schœlcher, Tirard, Dubail, Denormandie, Vautrain, François Favre, Bellaigne,
Vacherot, Degouve-Denuncque, Desmarest, colonel Montaigu, colonel Ibos, général
d'Aurelle de Paladines, Roger du Nord, Baudouin de Mortemart, Lavigne, Ossude,
Ducros, Turquet, de Plœuc, amiral Pothuau, colonel Langlois, Lucuing, Danet,
colonel Le Mains, colonel Vabre, Héligon, Tolain, Fribourg, Dunoyer, Testu, Corbon,
Ducarre.

3° PIÈCES JUSTIFICATIVES. Déposition de M. le général Ducrot. Procès-verbaux
du Comité central, du Comité de salut public, de l'Internationale, de la délégation des
vingt arrondissements, de l'Alliance républicaine, de la Commune. — Lettre du
prince Czartoryski sur les Polonais. — Réclamations et errata.

Édition populaire contenant *in extenso* les trois volumes distribués
aux membres de l'Assemblée nationale.

Prix : **16** francs.

COLLECTION ELZÉVIRIENNE

Lettres de Joseph Mazzini à Daniel Stern (1864-1872), avec une lettre autographiée.   3 fr. 50

Amour allemand, par MAX MULLER, traduit de l'allemand. 1 vol. in-18.   3 fr. 50

La mort des rois de France depuis François Ier jusqu'à la Révolution française, études médicales et historiques, par M. le docteur CORLIEU. 1 vol. in-18.   3 fr. 50

Libre examen, par LOUIS VIARDOT. 1 vol. in-18.   3 fr. 50

L'Algérie, impressions de voyage, par M. CLAMAGERAN. 1 vol. in-18.
3 fr. 50

La République de 1848, par J. STUART MILL, traduit de l'anglais par M. SADI CARNOT, 1 vol. in-18.   3 fr. 50

BIBLIOTHÈQUE POPULAIRE

Napoléon Ier, par M. Jules BARNI, membre de l'Assemblée nationale. 1 vol. in-18.   1 fr.

Manuel républicain, par M. Jules BARNI, membre de l'Assemblée nationale. 1 vol. in-18.   1 fr.

Garibaldi et l'armée des Vosges, par M. Aug. MARAIS. 1 vol. in-18.   1 fr. 50

Le paupérisme parisien, ses progrès depuis vingt-cinq ans, par E. FRIBOURG.   1 fr. 25

ÉTUDES CONTEMPORAINES

Les bourgeois gentilshommes. — L'armée d'Henri V, par Adolphe BOUILLET. 1 vol. in-18.   3 fr. 50

Les bourgeois gentilshommes. — L'armée d'Henri V. Types nouveaux et inédits, par A. BOUILLET. 1 v. in-18. 2 fr. 50

Les Bourgeois gentilshommes. — L'armée d'Henri V. L'arrière-ban de l'ordre moral, par A. Bouillet. 1 vol. in-18.
3 fr. 50

L'espion prussien, roman anglais par V. VALMONT, traduit par M. J. DUBRISAY. 1 vol. in-18.   3 fr. 50

La Commune et ses idées à travers l'histoire, par Edgar BOURLOTON et Edmond ROBERT. 1 vol. in-18.   3 fr. 50

Du principe autoritaire et du principe rationnel, par M. Jean Chasseriau. 1873. 1 vol. in-18.   3 fr. 50

La République radicale, par A. NAQUET, membre de l'Assemblée nationale. 1 vol. in-18.   3 fr. 50

PUBLICATIONS

DE L'ÉCOLE LIBRE DES SCIENCES POLITIQUES

ALBERT SOREL. **Le traité de Paris du 20 novembre 1815.**
— I. Les cent-jours. — II. Les projets de démembrement. —
III. La sainte-alliance. Les traités du 20 novembre, par M. Albert
SOREL, professeur d'histoire diplomatique à l'École libre des
sciences politiques. 1 vol. in-8 de 153 pages.   4 fr. 50

RÉCENTES PUBLICATIONS SCIENTIFIQUES

AGASSIZ. **De l'espèce et des classifications en zoologie.**
1 vol. in-8.   5 fr.

ARCHIAC (D'). **Leçons sur la faune quaternaire,** professées
au Muséum d'histoire naturelle. 1865, 1 vol. in-8.   3 fr. 50

BAIN. **Les sens et l'intelligence,** trad. de l'anglais, 1874
1 vol. in-8.   10 fr.

BAGEHOT. **Lois scientifiques du développement des nations.** 1873, 1 vol. in-4, cartonné.   6 fr.

BÉRAUD (B.-J.). **Atlas complet d'anatomie chirurgicale
topographique,** pouvant servir de complément à tous les ouvrages d'anatomie chirurgicale, composé de 109 planches représentant plus de 200 gravures dessinées d'après nature par
M. Bion, et avec texte explicatif. 1865, 1 fort vol. in-4.

        Prix : fig. noires, relié.   60 fr.
        — fig. coloriées, relié.   120 fr.

Ce bel ouvrage, auquel on a travaillé pendant sept ans, est le
plus complet qui ait été publié sur ce sujet. Toutes les pièces dis-
séquées dans l'amphithéâtre des hôpitaux ont été reproduites
d'après nature par M. Bion, et ensuite gravées sur acier par les
meilleurs artistes. Après l'explication de chaque planche, l'auteur
a ajouté les applications à la pathologie chirurgicale, à la médecine
opératoire, se rapportant à la région représentée.

BERNARD (Claude). **Leçons sur les propriétés des tissus vivants** faites à la Sorbonne, rédigées par Emile ALGLAVE, avec 94 fig. dans le texte. 1866, 1 vol. in-8. **8 fr.**

BLANCHARD. **Les Métamorphoses, les Mœurs et les Instincts des insectes**, par M. Emile Blanchard, de l'Institut, professeur au Muséum d'histoire naturelle. 1868, 1 magnifique volume in-8 jésus, avec 160 figures intercalées dans le texte et 40 grandes planches hors texte. Prix, broché. **30 fr.**
Relié en demi-maroquin. **35 fr.**

BLANQUI. **L'éternité par les astres**, hypothèse astronomique, 1872, in-8. **2 fr.**

BOCQUILLON. **Manuel d'histoire naturelle médicale.** 1871, 1 vol. in-18, avec 415 fig. dans le texte. **14 fr.**

BOUCHARDAT. **Manuel de matière médicale**, de thérapeutique comparée et de pharmacie. 1873, 5ᵉ édition, 2 vol. gr. in-18. **16 fr.**

BOUCHUT. **Histoire de la médecine et des doctrines médicales.** 1873, 2 vol. in-8. **16 fr.**

BUCHNER (Louis). **Science et Nature**, traduit de l'allemand par A. Delondre. 1866, 2 vol. in-18 de la *Bibliothèque de philosophie contemporaine.* **5 fr.**

CLÉMENCEAU. **De la génération des éléments anatomiques**, précédé d'une Introduction par M. le professeur Robin. 1867, in-8. **5 fr.**

Conférences historiques de la Faculté de médecine faites pendant l'année 1865 (*les Chirurgiens érudits*, par M. Verneuil.—*Guy de Chauliac*, par M. Follin.—*Celse*, par M. Broca. — *Wurtzius*, par M. Trélat. — *Rioland*, par M. Le Fort.— *Leuret*, par M. Tarnier. — *Harvey*, par M. Béclard. — *Stahl*, par M. Lasègue. — *Jenner*, par M. Lorain.— *Jean de Vier*, par M. Axenfeld. — *Laennec*, par M. Chauffard. — *Sylvius*, par M. Gubler.— *Stoll*, par M. Parot). 1 vol. in-8. **6 fr.**

DELVAILLE. **Lettres médicales sur l'Angleterre.** 1874, in-8. **1 fr. 50**

DUMONT (L.-A.). **Haeckel et la théorie de l'évolution en Allemagne.** 1873, 1 vol. in-18. **2 fr. 50**

DURAND (de Gros). **Essais de physiologie philosophique.** 1866, 1 vol. in-8. **8 fr.**

DURAND (de Gros). **Ontologie** et psychologie physiologique. Études critiques. 1871, 1 vol. in-18. **3 fr. 50**

DURAND (de Gros). **Origines animales de l'homme**, éclairées par la physiologie et l'anatomie comparative. Grand in-8, 1871, avec fig. 5 fr.

DURAND-FARDEL. **Traité thérapeutique des eaux minérales** de la France, de l'étranger et de leur emploi dans les maladies chroniques. 2ᵉ édition, 1 vol. in-8 de 780 p. avec cartes coloriées. 9 fr.

FAIVRE. **De la variabilité de l'espèce.** 1868, 1 vol. in-18 ·de la *Bibliothèque de philosophie contemporaine.* 2 fr. 50

FAU. **Anatomie des formes du corps humain**, à l'usage des peintres et des sculpteurs. 1866, 1 vol. in-8 avec atlas in-folio de 25 planches.
Prix : fig. noires. 20 fr.
— fig. coloriées. 35 fr.

W. DE FONVIELLE. **L'Astronomie moderne.** 1869, 1 vol, de la *Bibliothèque de philosophie contemporaine.* 2 fr. 50

GARNIER. **Dictionnaire annuel des progrès des sciences et institutions médicales,** suite et complément de tous les dictionnaires. 1 vol. in-12 de 600 pages. 7 fr.

GRÉHANT. **Manuel de physique médicale.** 1869, 1 volume in-18, avec 469 figures dans le texte. . 7 fr.

GRÉHANT. **Tableaux d'analyse chimique** conduisant à la détermination de la base et de l'acide d'un sel inorganique isolé, avec les couleurs caractéristiques des précipités. 1862, in-4, cart. 3 fr. 50

GRIMAUX. **Chimie organique élémentaire,** leçons professées à la Faculté de médecine. 1872, 1 vol. in-18 avec figures. 4 fr. 50

GRIMAUX. **Chimie inorganique élémentaire.** Leçons professées à la Faculté de médecine, 1874, 1 vol. in-8 avec fig. 5 fr.

GROVE. **Corrélation des forces physiques,** traduit par M. l'abbé Moigno, avec des notes par M. Séguin aîné. 1 vol. in-8. 7 fr. 50

HERZEN. **Physiologie de la Volonté,** 1874. 1 vol. de la *Bibliothèque de Philosophie contemporaine.* 2 fr. 50

JAMAIN. **Nouveau Traité élémentaire d'anatomie descriptive et de préparations anatomiques.** 3ᵉ édition, 1867, 1 vol. grand in-18 de 900 pages, avec 223 fig. intercalées dans le texte. 12 fr.

JANET (Paul). **Le Cerveau et la Pensée.** 1867, 1 vol. in-18 de la *Bibliothèque de philosophie contemporaine.* 2 fr. 50

LAUGEL. **Les Problèmes** (problèmes de la nature, problèmes de la vie, problèmes de l'âme), 1873, 2ᵉ édition, 1 fort vol. in-8. 7 fr. 50

LAUGEL. **La Voix, l'Oreille et la Musique.** 1 vol. in-18 de la *Bibliothèque de philosophie contemporaine.* 2 fr. 50

LAUGEL. **L'Optique et les Arts.** 1 vol. in-18 de la *Bibliothèque de philosophie contemporaine.* 2 fr. 50

LE FORT. **La chirurgie militaire** et les sociétés de secours en France et à l'étranger. 1873, 1 vol. gr. in-8 avec figures dans le texte. 10 fr.

LEMOINE (Albert). **Le Vitalisme et l'Animisme de Stahl.** 1864, 1 vol. in-18 de la *Bibliothèque de philosophie contemporaine.* 2 fr. 50

LEMOINE (Albert). **De la physionomie et de la parole.** 1865. 1 vol. in-18 de la *Bibliothèque de philosophie contemporaine.* 2 fr. 50

LEYDIG. **Traité d'histologie comparée de l'homme et des animaux**, traduit de l'allemand par M. le docteur LABILLONNE. 1 fort vol. in-8 avec 200 figures dans le texte. 1866. 15 fr.

LONGET. **Traité de physiologie.** 3ᵉ édition, 1873, 3 vol. gr. in-8. 36 fr.

LONGET. **Tableaux de Physiologie.** Mouvement circulaire de la matière dans les trois règnes, avec figures. 2ᵉ édition, 1874. 7 fr.

LUBBOCK. **L'Homme avant l'histoire**, étudié d'après les monuments et les costumes retrouvés dans les différents pays de l'Europe, suivi d'une description comparée des mœurs des sauvages modernes, traduit de l'anglais par M. Ed. BARBIER, avec 156 figures intercalées dans le texte. 1867. 1 beau vol. in-8, broché. 15 fr.
Relié en demi-maroquin avec nerfs. 18 fr.

LUBBOCK. **Les origines de la civilisation**, état primitif de l'homme et mœurs des sauvages modernes, traduit de l'anglais sur la seconde édition. 1873, 1 vol. in-8 avec figures et planches hors texte. 15 fr.
Relié en demi-maroquin. 18 fr.

MAREY. **Du mouvement dans les fonctions de la vie.** 1868, 1 vol. in-8, avec 200 figures dans le texte. 10 fr.

MAREY. **La machine animale**, 1873, 1 vol. in-8 avec 200 fig. cartonné à l'anglaise. 6 fr.

MOLESCHOTT (J.). **La Circulation de la vie**, Lettres sur la physiologie en réponse aux Lettres sur la chimie de Liebig, traduit de l'allemand par M. le docteur CAZELLES. 2 vol. in-18 de la *Bibliothèque de philosophie contemporaine.* 5 fr.

MUNARET. **Le médecin des villes et des campagnes,** 4ᵉ édition, 1862. 1 vol. gr. in-18. 4 fr. 50

ONIMUS. **De la théorie dynamique de la chaleur dans les sciences biologiques.** 1866. 3 fr.

QUATREFAGES (de). **Charles Darwin et ses précurseurs français.** Étude sur le transformisme. 1870, 1 vol. in-8. 5 fr.

RICHE. **Manuel de chimie médicale.** 1874, 2ᵉ édition, 1 vol. in-18 avec 200 fig. dans le texte. 8 fr.

ROBIN (Ch.). **Journal de l'anatomie et de la physiologie** normales et pathologiques de l'homme et des animaux, dirigé par M. le professeur Ch. Robin (de l'Institut), paraissant tous les deux mois par livraison de 7 feuilles gr. in-8 avec planches. Prix de l'abonnement, pour la France. 20 fr.

— pour l'étranger. 24 fr.

ROISEL. **Les Atlantes.** 1874, 1 vol. in-8. 7 fr.

SAIGEY (Émile). **Les sciences au XVIIIᵉ siècle.** La physique de Voltaire. 1873, 1 vol. in-8. 5 fr.

SAIGEY (Émile). **La Physique moderne.** Essai sur l'unité des phénomènes naturels. 1868, 1 vol. in-18 de la *Bibliothèque de philosophie contemporaine.* 2 fr. 50

SCHIFF. **Leçons sur la physiologie de la digestion,** faites au Muséum d'histoire naturelle de Florence. 2 vol. gr. in-8. 20 fr.

SPENCER (Herbert). **Classification des sciences.** 1872, 1 vol. in-18. 2 fr. 50

SPENCER (Herbert). **Principes de psychologie,** trad. de l'anglais. Tome Iᵉʳ. 1 vol. in-8. 10 fr.

TAULE. **Notions sur la nature et les propriétés de la matière organisée.** 1866. 3 fr. 50

TYNDALL. **Les glaciers et les transformations de l'eau.** 1873, 1 vol. in-18 avec figures cartonné. 6 fr.

VULPIAN. **Leçons de physiologie générale et comparée du système nerveux,** faites au Muséum d'histoire naturelle, recueillies et rédigées par M. Ernest BRÉMOND. 1866, 1 fort vol. in-8. 10 fr.

VULPIAN. **Leçons sur l'appareil vaso-moteur** (physiologie et pathologie). 2 vol. in-8. 1875. 16 fr.

ZABOROWSKI. **De l'ancienneté de l'homme,** résumé populaire de la préhistoire. 1ʳᵉ partie. 1 vol. in-8. 3 fr. 50

— Deuxième partie. 1 vol. in-8. 5 fr. 50

CPSIA information can be obtained
at www.ICGtesting.com
Printed in the USA
BVHW040910050219
539516BV00009B/223/P